rororo

rororo Mit Kindern leben

Zu diesem Buch

Immer mehr Kinder und Jugendliche probieren Drogen aus, immer mehr fallen ihnen anheim. Tabletten, Alkohol, Rauschgifte, Ecstasy u. v. m. können schon früh eine ganze Lebenskarriere zerstören. Aber an der Droge hängen bleibt nur, wer es nötig hat. Dieses Buch zeigt, dass ein starker Charakter die beste Suchtprävention für das ganze Leben darstellt – Drogen: keine Gefahr für starke Kinder!

Lorelies Singerhoff

Keine Chance für Drogen

Wie Sie Ihr Kind schützen können

DHS Empfohlen von der Deutschen Hauptstelle gegen die Suchtgefahren e. V.

Rowohlt Taschenbuch Verlag

rororo Mit Kindern leben
Herausgegeben von Bernd Gottwald
und Bernhard Schön

rororo Mit Kindern leben
und
die Deutsche Liga
für das Kind
Partnerschaft für Eltern, Kinder und Familie

Originalausgabe
Redaktion Heike Herrberg
Veröffentlicht im Rowohlt Taschenbuch Verlag
GmbH, Reinbek bei Hamburg, März 2002

Umschlaggestaltung Henning Dencks
(Foto: Image Bank/David de Lossy)
Satz Minion und Interstate PostScript
Gesamtherstellung Clausen & Bosse, Leck
Printed in Germany
ISBN 3 499 60974 6

Die Schreibweise entspricht den Regeln
der neuen Rechtschreibung.

Inhalt

Vorwort

Es gibt unzählige Bücher zum Thema Drogen. Sicherlich noch mehr Bücher, die Eltern bei der Erziehung Ratgeber sein sollen. Warum also dann noch dieses Buch? Weil es sich in mehrfacher Hinsicht von bisherigen Ratgebern abhebt.

Hier geht es um die umfassende Sicht auf das Drogen- und Suchtproblem. Es sind nicht die illegalen Drogen, die Eltern Angst machen sollten. Es sind die legalen Suchtmittel Tabak, Alkohol und Medikamente, die am Anfang fast jeder Suchtkarriere stehen. Und damit sind wir schon beim zweiten Punkt, der dieses Buch von anderen unterscheidet. Es geht hier nicht nur um Sucht. Es geht auch um den riskanten und schädlichen Konsum – es geht um den Umgang mit Suchtmitteln in unserer Gesellschaft.

Es geht außerdem um die Einordnung von Sucht in gesellschaftliche und individuelle Schicksale, es geht um Einstellungen. Lorelies Singerhoff beschreibt, dass Sucht immer eine Geschichte hat. Bevor eine Abhängigkeit manifest wird, ist bereits viel passiert. Dabei spielen nicht nur Risikofaktoren, die von außen kommen, eine Rolle, sondern es sind Faktoren, die wir alle kennen. Sie liegen in den Rahmenbedingungen von Familie heute, sie liegen in gesellschaftlichen Entwicklungen, ganz besonders aber in der Art und Weise, wie Kinder erzogen werden.

Besonders wichtig sind in diesem Zusammenhang die Hinweise auf die Schutzfaktoren, mit denen Kinder ausgestattet bzw. umgeben sind und die gestärkt werden können. So ist der Titel der bundesweiten Kampagne zur Suchtvorbeugung der Bundeszentrale für gesundheitliche Aufklärung (BzgA) «Kinder stark machen» Programm. Nicht die Defizite aufzählen, problematisieren und beklagen, sondern Eltern, Erzieherinnen und Erzieher ermutigen, auf die Stärken zu setzen und Vertrauen zu schaffen und zu pflegen.

In der öffentlichen Diskussion geht es auf der einen Seite um Suchtprävention in dem Sinne, dass Einfluss auf die Nachfrage durch Jugendliche ausgeübt wird. Auf der anderen Seite geht es – halbherzig – um die Reduzierung des Angebotes durch gesetzliche Vorschriften. Entscheidend

– und deshalb ist dieses Buch so wichtig – ist die Haltung der Erwachsenen, ist das Vorbild in der Familie und das Bemühen, mit den Kindern und Jugendlichen im Gespräch zu bleiben, was auch immer in der Entwicklung noch kommen möge.

Wenn das vorliegende Buch hier hilfreich sein kann, ist außerordentlich viel erreicht. Und wenn sich Fragen ergeben, so hilft der umfängliche Adressteil weiter. Ein handlicher Ratgeber mit handfesten Informationen für interessierte Eltern, Erzieherinnen und Erzieher. Es bleibt zu wünschen, dass viele von ihnen dieses Buch in die Hand nehmen.

Rolf Hüllinghorst
Geschäftsführer der Deutschen Hauptstelle
gegen die Suchtgefahren e.V.

erstes Kapitel | Das haben Sie sicher auch schon erlebt

Brief an meine Eltern

Liebe Mama, lieber Papa,

es ist nun schon ziemlich lange her, dass ich euch einen der wohl schrecklichsten Momente in eurem Leben bereitet habe. Ganz ohne Vorbereitung, aus heiterem Himmel, habe ich dir, Mama, auf dem Weg in die Stadt, in der U-Bahn, von meinem jahrelangen Doppelleben und Versteckspiel erzählt. Ich brauchte dringend Geld für meinen Drogenkonsum. Dein Gesicht – ich werde es nie vergessen. Fassungslos, ungläubig und so verletzt, als hätte ich dir gerade eine Wunde geschnitten. Du hast mich in dieser Verfassung sogar bis zum Bahnhofsplatz begleitet und dir das ganze Elend der Drogenabhängigen angesehen. Damals war mir das völlig egal. Ich wollte nur das Geld von dir, um mir einen Schuss zu kaufen. Irgendwie hat es mir sogar gut getan, dass ich dir so einen Schock bereiten und dich aus deiner Sicherheit vollkommen herauswerfen konnte. Ich – deine liebe, nette, angepasste und freundliche Tochter. Ich frage mich, weshalb es mir damals gar nicht in den Sinn kam, was ich dir damit zugemutet habe.

Du bist dann nach Hause gefahren und hast deinen Kummer und deine Verzweiflung mit Papa geteilt. Als ich dich, Papa, zwei Tage später wieder sah, warst du um Jahre gealtert und ich habe dich zum ersten Mal in meinem Leben weinen sehen. Verzeih, aber das tat mir gut. Ich habe dadurch erfahren, dass ich dir nicht gleichgültig bin und dass du tiefe Gefühle für mich hast. Ich habe dich zum ersten Mal wirklich gespürt.

Inzwischen habe ich eine Therapie gemacht, die sich über Jahre hinzog. Ich hatte sehr viele Gespräche und bin mir über vieles klar geworden.

Nach langem Suchen und harten Kämpfen habe ich endlich den Sinn meines Lebens gefunden.

Vielleicht habt ihr Schwierigkeiten damit, dass ich so offen zu meiner Drogenkarriere stehe, aber für mein Leben ist das sehr wichtig.

Ich wünsche mir von ganzem Herzen euer Verständnis und dass ihr vielleicht sogar eines Tages stolz auf mich seid. Ich habe gelernt, auf meine Gefühle zu achten und zu hören und das zu machen, was richtig für mein Leben ist. Aber wenn ich ehrlich bin: Im Innersten meiner Seele wünsche ich mir noch immer eure Anerkennung.

Ich weiß, dass ihr immer das Beste gewollt habt. Ich weiß auch, dass es nicht darum geht, einen Sündenbock für meine Sucht zu finden, denn dabei sind immer verschiedene Faktoren im Spiel. Unter anderem war es sicher auch meine Persönlichkeit, die ganz individuell auf eure Erziehung reagiert hat. Ich erfahre es jetzt mit meinem eigenen Kind, dass wir auch immer unsere eigene Geschichte in die Erziehung unserer Kinder einbringen. Wenn ich mir meine Tochter Hannah anschaue, wie sie mit ihrem «starken» Charakter auf euch reagiert – so ganz anders als ich damals –, dann wird mir bewusst, wie verschieden wir Menschen sind.

Ich bin sehr dankbar, dass Hannah die Möglichkeit hat, viel Zeit mit euch zu verbringen, denn es gibt viele gute Rituale, die sie nur mit euch erleben kann. So lernt sie verschiedene Lebensformen kennen und kann sich eines Tages entscheiden, welche für sie richtig sind.

Liebe Mama, lieber Papa, was auch immer ich in Zukunft noch tun werde, ich weiß, dass ich auf euch zählen kann. Für dieses Vertrauen, das ihr noch immer in mich habt, danke ich euch von ganzem Herzen.

Eure Tochter Andrea

Alle Menschen begegnen irgendwann in ihrem Leben Suchtmitteln und abhängigem Verhalten. Entweder als selbst Betroffene, als Co-Abhängige, als Eltern abhängiger Kinder und Jugendlicher oder einfach als Zuschauer bei einer öffentlichen Szene. Ganz besonders schlimm ist diese Erfahrung für Eltern suchtgefährdeter oder bereits abhängiger Kinder und Jugendlicher. Sie müssen mit ansehen, wie ihr Kind leidet, sich auf den Weg in eine Sackgasse begibt, aus der es manchmal nur sehr schwer ein Zurück gibt – und sie können dabei oft nur wenig tun. Die Faktoren, die dazu führen, dass ein Mensch in eine Abhängigkeit gerät, sind bei den verschiedenen Formen von Sucht ähnlich. Bei welchem Suchtmittel letztendlich jemand «hängen bleibt», ist abhängig von der Persönlichkeit, der Umwelt und den in frühester Kindheit erlebten Konsummustern der direkten Bezugspersonen. Ob ein Mensch raucht, trinkt, fixt, schnupft oder isst und erbricht, ist nicht das Entscheidende, sondern der Weg dahin: die Meilensteine, die mitverantwortlich dafür sind, dass der Weg in der Abhängigkeit endet.

Es beginnt mit dem ersten Konsum. Anfangs steht vielleicht noch der Genuss, es folgt die Gewöhnung, dann der Missbrauch und schließlich die Abhängigkeit.

Aranka ist Jugoslawin und allein erziehende Mutter. Sie arbeitet im Schichtwechsel in einer Fabrik und, weil das Geld nicht reicht, auch noch stundenweise als Putzfrau. Der achtjährige Mikael ist weitgehend auf sich allein gestellt. Der körperlich kräftige, aber stille Junge geht nach der Schule meist sofort nach Hause, in die enge Zweizimmerwohnung. Freunde hat er kaum. Aranka hat vorgekocht und Mikael muss sich das Essen eigentlich nur aufwärmen. Aber zuerst schaltet er den Fernseher ein. Gegen die Einsamkeit. Mit einem vollen Teller setzt er sich vor den Bildschirm. Das Beste hebt er für zuletzt auf: Süßigkeiten. Am liebsten isst er Schokoküsse und Nougatwaffeln. Von jedem verfügbaren Groschen kauft er sich Süßigkeiten und stopft sie in sich hinein. Davon weiß Aranka nichts. Nach einem knappen Jahr ist ihr Sohn so fett, dass die anderen Kinder ihn hänseln und er nicht mehr mit ihnen Ball spielen kann. Aranka geht zur Ernährungsberatung. Dort wird dafür gesorgt, dass Mikael zur

Kinderkur fahren kann, mit einer Gruppe anderer stark übergewichtiger Kinder. In der Kur gefällt es ihm gut. Die Erzieherinnen und Erzieher unternehmen viel mit den Kindern, führen Gespräche und hören zu, haben viel Zeit für die Fragen und Nöte. Der Tag vergeht schnell. Mikael nimmt ab, wird lebendiger und unternehmungsfreudiger. Diese positive Wirkung hält noch mehrere Wochen nach der Kur an. Aber eines Tages, nach einem unangenehmen Vormittag in der Schule, sitzt Mikael allein vor dem Fernseher – mit einer Packung Schokoküsse.

Wer von uns kennt solche Szenen nicht? Sucht hat viele unterschiedliche Gesichter, die alle einen kleinen Ausschnitt unserer Wirklichkeit widerspiegeln. Sucht zeigt sich nicht nur bei dem völlig betrunkenen Mann, der am Bahnhof auf dem Asphalt liegt. Selbst ganz harmlose Anfänge mit Gummibärchen oder Schokolade können Wegbereiter in ein abhängiges Leben sein. Was zu Anfang ein gelegentlicher Genuss ist, kann unter bestimmten Umständen mehr und mehr zu einem nicht mehr kontrollierbaren Ersatz für Zuwendung, Aufmerksamkeit, Akzeptanz und Trost werden.

Sucht hat nicht nur mit illegalen Drogen wie Heroin oder Kokain zu tun. Statt unser Augenmerk ausschließlich darauf zu richten und den Umgang mit illegalen Drogen zu dramatisieren, sollten wir auf die vielfältigen Alltagsdrogen achten, die eine viel größere Gefahr für unsere Kinder und Jugendlichen darstellen. Wir sollten unseren Kindern Aufmerksamkeit schenken, teilnehmen an ihren Sorgen, sie trösten und uns fragen, warum sie so viele Süßigkeiten essen oder sich nur noch mit ihrem Computerspiel beschäftigen. Um zu verstehen, wie Sucht entsteht, sollten wir aufmerksam den Blick auf die gesamte Lebenssituation richten. Auf die Erwachsenen im Umfeld der Kinder und Jugendlichen. Und auf uns als Eltern. Wie gehen wir denn mit den gesellschaftlich akzeptierten Alltagsdrogen um?

Am Anfang steht das Bedürfnis, sich einfach nur wohl zu fühlen, sich zu entspannen, anzuregen, satt zu werden oder körperliches Unwohlsein zu lindern. Diese Wünsche hat jeder Mensch und sie sind legitim.

In den letzten Jahren hat sich in der Erziehung die Haltung durchgesetzt, dem Baby Frustrationen weitgehend zu ersparen. Es wird gefüttert, wenn es schreit, und wenn es zwischendurch quengelt, bekommt es den Schnuller oder das stets griffbereite Tee- oder Saftfläschchen. Ein oraler Tröster steht permanent zur Verfügung. Unlustgefühle dürfen gar nicht erst aufkommen, geschweige denn eine Weile ausgehalten werden.

Essen und Trinken tut gut. Über den Mund werden Enttäuschungen getröstet, wenn man bei anderen Menschen keinen Trost findet. Dieses Verhalten wird mit der Zeit zum Mechanismus. Schon bei geringem Unwohlsein und Frustration wird das entsprechende Mittel eingesetzt. Das können Süßigkeiten sein, Essen, Alkohol, Nikotin. Computerspiele oder Videos, oder harte Drogen wie Heroin.

Bei einer substanzbezogenen Sucht muss die Aufnahme des Suchtmittels im Laufe der Zeit immer mehr gesteigert werden. Der Körper gewöhnt sich daran, und eine immer größere Menge ist notwendig, um ein Wohlgefühl herzustellen. Irgendwann ist eine bestimmte Dosis des Suchtmittels allein dazu notwendig, die Entzugserscheinungen zu vermeiden. Durch diesen Mechanismus und die damit verbundenen körperlichen und seelischen Auswirkungen wird eine «echte» Bedürfnisbefriedigung immer schwieriger. Dazu kommt, dass das Aussehen des Süchtigen, sein eigenartiges Verhalten und sein leistungsunfähiger Körper die anderen Menschen noch mehr auf Distanz gehen lassen. Was liegt da näher, als sich umso mehr mit dem «Ersatz» zufrieden zu geben?

Es begann mit einer Zigarette

Bernd war 9 Jahre alt, als Matthias ein Päckchen Zigaretten mit in die Clique brachte. Keiner traute sich, nicht zu rauchen. Bernds Vater war starker Raucher und Bernd bewunderte ihn, denn was Vater sagte, wurde gemacht. Wenn er Mutter ärgern wollte, rauchte er eine nach der anderen im Wohnzimmer, während er seine Zeitung las. Am Anfang schmeckte es Bernd gar nicht. Aber als Andreas und Martin in die Clique kamen, genoss er die bewundernden Blicke der beiden

Jüngeren. Auch bei den Mädchen kam es gut an. Auf dieses Gefühl wollte Bernd bald nicht mehr verzichten.

Als sein Vater ihn eines Tages erwischte, als er gerade ein neues Päckchen Zigaretten aus dem Wohnzimmerschrank nehmen wollte, gab es Ärger. Der Vater verbot ihm rigoros das Rauchen. Bernd ging innerlich in den Widerstand. Was der konnte, konnte er schon lange. Mit 15 Jahren war er so abhängig vom Nikotin, dass es ihm völlig gleichgültig war, ob er die Zigaretten kaufte, klaute oder nur bei anderen schnorrte. Mit der brennenden Zigarette in der Hand fühlte er sich erwachsen und unangreifbar. Das Gefühl steigerte sich, als die erste Bierdose dazukam.

Von da an ging ohne Zigarette und Bier nichts mehr.

Immer jüngere Kinder greifen zur Zigarette. Damit sind nicht die Probierer gemeint, die es ein Mal versuchen und sich dann anderen Erfahrungen zuwenden. Etwa 15 Prozent aller 14-Jährigen rauchen mehr oder weniger regelmäßig. Das Durchschnittsalter der chronischen Raucher, die nicht mehr davon loskommen, liegt bei circa 15 ½ Jahren.

Erwachsene Raucher, die nicht mehr davon loskommen, haben in der Regel vor ihrem 18. Lebensjahr mit dem Rauchen begonnen. Wer erst danach angefangen hat, wird später zum Gewohnheits- oder Genussraucher. Wenn wir Erwachsene also unterstützend daran mitwirken, den Beginn des Drogenkonsums unseres Kindes so weit wie möglich hinauszuschieben, stehen die Chancen gut, dass das Kind weitgehend selbst bestimmt, wie intensiv es sich auf den Gebrauch von stoffbezogenen Mitteln einlassen will. Bei der Entstehung von Sucht spielen immer mehrere Faktoren eine Rolle: die Persönlichkeit des Kindes, die stoffbezogene Substanz und die Umwelt. Kinder und Jugendliche, die sehr früh zum Rauchen gefunden haben, berichten in Interviews, dass sie aus Langeweile rauchen, in der Clique (weil es alle tun), aus Nervosität, zur Entspannung und zur Anregung. Selten rauchen Kinder allein. Sie fühlen sich beim Rauchen in der Clique «cool», «erwachsen» und «lässig». Zu rauchen bedeutet, schon etwas erwachsen zu sein und sich trotzdem von den Erwachsenen abzugrenzen, denn Rauchen in diesem Alter ist etwas Verbotenes. Das macht es in der Clique noch spannender und abenteuerlicher.

Gemeinsam rauchen verbindet, es ist eine Art Ritual. Denken Sie nur an das rituelle Rauchen der Friedenspfeife bei den Indianern. Kinder, die regelmäßig und chronisch rauchen, haben in der Regel Sozialisationsdefizite, eine mangelhafte Fähigkeit zur Selbstverantwortlichkeit und einen auffälligen Mangel an Selbstvertrauen.

Die Konfliktfähigkeit, Frustrationstoleranz, Kontaktfähigkeit und auch die Fähigkeit, sich verständlich auszudrücken, sind bei allen chronisch rauchenden, abhängigen Kindern und Jugendlichen eingeschränkt.

Die Zigarette entspannt und regt gleichzeitig an. Sie hat ein hohes Image, das durch Werbung und Vorbildwirkung noch verstärkt wird. Persönlichkeiten aus Kunst, Film, Wirtschaft und Politik sind für Kinder und Jugendliche nachahmenswerte Vorbilder. Zudem hat die Zigarette eine hohe gesellschaftliche Akzeptanz. Es wird sogar ein kleiner Kult um sie betrieben: silberne Zigarettendosen, Zigarettenspitzen, goldene Feuerzeuge, Rauchertischchen mit allem Zubehör etc. Verglichen mit anderen stoffbezogenen Mitteln ist die Zigarette preiswert – und im Automaten ständig verfügbar. Sie ist leicht zu konsumieren und zeichnet sich, neben der symbolischen Bedeutung, auch noch durch den Reiz des Verbotenen aus. Wie bei allen Süchten spielt das Modellverhalten der Eltern eine außerordentlich wichtige Rolle. Studien ergaben jedoch, dass rauchende Eltern, im Vergleich zu den gleichaltrigen Freundinnen und Freunden, einen geringeren Vorbildcharakter haben. Rauchende Jugendliche sind eher in Cliquen integriert als in Vereinen. Der Grund dafür liegt in dem Wunsch der Selbstdarstellung der einzelnen Mitglieder und in der kollektiven Demonstration bestimmter Werte gegenüber anderen Gruppen.

Der Konsum von Zigaretten baut Stress und Spannungen ab und «hilft» anscheinend bei der Bewältigung täglicher Anforderungen durch Schule, Elternhaus und andere wichtige Bezugspersonen (Chef, Lehrherr etc.).

Studien ergaben einen Zusammenhang zwischen Zigarettenkonsum und schulischen Versagenserlebnissen wie Sitzenbleiben, schlechte Noten, Schulwechsel etc.

Jugendliche ohne auffällige Versagenserlebnisse waren zu 83 Prozent Nichtraucher, nur 6 Prozent rauchten regelmäßig. Die Jugendlichen mit massiven schulischen Problemen waren dagegen zu 28 Prozent regelmäßige, starke Raucher. Misserfolgserlebnisse bei Kindern und Jugendlichen führen sehr häufig zu emotionalen Problemen, bis hin zu Depressionen. Eine Studie bei 13- bis 14-jährigen Gymnasiasten zeigte, dass der Zigarettenkonsum in Zusammenhang steht mit dem Grad der depressiven Verstimmung. Unter den starken Rauchern fanden sich weitaus häufiger Schüler mit stärkeren depressiven Verstimmungen als bei den Nichtrauchern. Rauchen kann also eine Bewältigungsstrategie für schwierige Lebenssituationen sein. Da psychische Probleme auch immer zu sozialen Problemen führen, kann durch das Rauchen – besonders in der Clique – zumindest zeitweise eine bessere soziale Integration erreicht werden.

Über die Hälfte der erwachsenen chronischen Raucher hat im Alter von 12 bis 16 Jahren mit dem Rauchen begonnen. Unter den starken Rauchern sind mehr Jungen als Mädchen anzutreffen. Die größte Gruppe der starken jugendlichen Raucher findet sich bei den Hauptschülern. Als Risikofaktoren für den abhängigen Konsum von Tabakwaren gelten in erster Linie schulische Versagenserlebnisse, aber auch emotionale Probleme.

Die meisten Jugendlichen müssen mit der ersten Zigarette innere Widerstände überwinden. Viele sagen, dass ihnen nach den ersten Zügen schlecht oder schwindelig wurde oder dass sie Ekel und Widerwillen empfanden. Je früher das Einstiegsalter, desto größer die Gefahr schwerwiegender gesundheitlicher Folgen. Und das Grundmuster «Rauchen» prägt sich auf diese Weise dermaßen ein, dass es später nur sehr schwer wieder abgebaut werden kann.

Die Ursachen und Motive, die zum Rauchen führen, sind vielschichtig und komplex. Die Entwicklung zum Raucher oder zur Raucherin kann in folgende Phasen eingeteilt werden:

1. Phase (bis zum 8. Lebensjahr)

Die Kinder lernen den Gebrauch, die Wirkung und die Funktion von Zigaretten kennen durch individuell verschiedene Erfahrungen und durch die Auseinandersetzung mit ihren jeweiligen Lebensumfeldern und deren Norm- und Wertvorstellungen.

In dieser Zeit werden die Einstellungen und Verhaltensweisen ganz besonders geprägt. Die Familie spielt dabei eine entscheidende Rolle. Wie Eltern und eventuell ältere Geschwister mit Zigaretten umgehen, hat eine starke Vorbildfunktion für das Kind. Kinder rauchender Eltern werden mit doppelter Wahrscheinlichkeit später auch Raucher, verglichen mit Kindern, deren Eltern und Geschwister nicht rauchen.

2. Phase (zwischen dem 8. und 12. Lebensjahr)

Diese Zeit kann man als «Probierphase» bezeichnen, in der die ersten Erfahrungen mit dem Rauchen gesammelt werden. Die wichtigsten Motive, zur ersten Zigarette zu greifen, sind u. a. Befriedigung von Neugier, der Kitzel, Verbote bewusst zu übertreten, das Bedürfnis, erwachsen zu wirken, Akzeptanz in der Gleichaltrigengruppe zu finden, und das Gefühl der Zugehörigkeit zur Clique. In dieser Phase wird ein Kind noch nicht zwangsläufig zum abhängigen Raucher. Es kann gut sein, dass sein Widerwille überwiegt und es nach einigen Versuchen mit dem Rauchen aufhört.

3. Phase (beginnend etwa mit dem 12. Lebensjahr)

Jetzt werden die Gleise definitiv für das spätere Rauchen oder Nichtrauchen gestellt. Die Gleichaltrigengruppe wird nun immer wichtiger für die Heranwachsenden, während der Einfluss des Elternhauses geringer wird. Die Heranwachsenden haben ein starkes Bedürfnis nach sozialen Kontakten, nach Kommunikation, Anerkennung durch Gleichaltrige, Zugehörigkeit, Gruppengefühl, aber auch nach Geborgenheit und Sicherheit. Dies alles bietet die Gruppe. Nur hier kann der Heranwachsende zu seiner sozialen Identität finden. Die Basis für den Zusammenhalt der Gruppe sind die von allen Mitgliedern – oft bedingungslos – akzeptierten Normen und Verhaltensmuster. Selten werden in Gleichaltrigengruppen andere Meinungen akzeptiert oder sogar diskutiert. Der Druck zur Konformität wird meist auf jeden ausgeübt, der sich zu widersetzen wagt. Gewinnt nun aus irgendeinem Grund das Rauchen in dieser Gruppe an Bedeutung, dann wird ein Heranwachsender, der unbedingt dazugehören will, den Gruppennormen zu entsprechen versuchen. Auch wenn er ursprünglich eine Abneigung gegen das Rauchen verspürte. Nichtraucher werden aus dieser Gruppe ausgegrenzt.

Welche Heranwachsenden werden mit großer Wahrscheinlichkeit einmal zu Gewohnheitsrauchern?

- Mädchen sind stärker gefährdet als Jungen.
- Mädchen sind besonders gefährdet, wenn beide Eltern rauchen.
- Jungen sind eher gefährdet, wenn ihre besten Freunde rauchen.
- Heranwachsende, die nicht über die Folgen des Rauchens aufgeklärt sind, sind eher gefährdet als informierte Jugendliche.
- Heranwachsende, die eine positive Meinung zum Rauchen haben («Ich rauche gern»), sind eher gefährdet als Jugendliche, die eine kritische oder negative Einstellung dazu haben.

4. Phase (junges Erwachsenenalter)

Ein «Rauchmuster» hat sich entwickelt, das nun vorwiegend von individuellen Motiven gesteuert wird. Manche rauchen nach dem Essen, andere zusammen mit einer Tasse Kaffee mehrmals am Tag. Die Gleichaltrigengruppe verliert an Bedeutung, das Rauchverhalten wird automatisiert. Geschmacks-, Geruchs-, Tast- und Gesichtssinn werden aktiviert. Das Rauchen bereitet Genuss und wird als körperlich anregend empfunden. Bei absinkender Leistungskurve wird es als leistungs- und kreativitätssteigernd erlebt. Bei Stress, Arbeitsüberlastung, Nervosität oder Hungergefühl wird die Zigarette als beruhigend und entspannend wahrgenommen. Raucherinnen und Raucher schwören, dass sie in all diesen Situationen mit Zigarette besser zurechtkommen.

5. Phase (Erwachsenenalter)

Ein Teil der Gewohnheitsraucher wird nun zum Suchtraucher. Ein Päckchen Zigaretten am Tag ist keine Seltenheit. Manche rauchen sogar noch mehr. Aufzuhören wird nun äußerst schwer.

Zur Geschichte des Tabakgenusses

Vor etwa 400 Jahren kam Tabak, zusammen mit der Kaffeebohne, als neues Genussmittel nach Europa. Spanische und portugiesische Seeleute waren wohl die Ersten, die den Tabakkonsum von den Indios übernahmen und Tabaksamen und Genussform (die Indios rauchten die Tabakkrümel in eingerollten Maisblättern) nach Europa brachten. War dieses exotische Genussmittel zunächst vielen Menschen sehr suspekt, so eroberte sich der Tabak doch schnell seinen Platz. Die brennende Zigarre wurde geradezu Symbol des unternehmerischen Bürgertums im Industriezeitalter, während die Zigarette mit Freiheit, Abenteuer, Erwachsenenstatus, Selbstbewusstsein und Emanzipation in Verbindung gebracht wurde.

Der französische Gesandte Jean Nicot kam 1559 an den Hof nach Lissabon und lernte dort den Tabakgenuss kennen. Er war begeistert davon, weil man der Tabakpflanze auch märchenhafte Heilkräfte nachsagte. Im Zeitalter von verheerenden Seuchen war das nur verständlich.

Nicot engagierte sich mit großem Eifer für die Verbreitung des Tabaks als Heilpflanze, sodass sie bereits 1592 in einem Buch über Landwirtschaft ihm zu Ehren Nicotiana genannt wurde. Diese wissenschaftliche Bezeichnung wurde bis heute beibehalten. Der im 19. Jahrhundert im Tabak entdeckte Hauptwirkstoff wurde folgerichtig «Nikotin» (fachsprachlich auch Nicotin) genannt.

In Deutschland kannte man die Form des Rauchens zunächst nicht und nannte den Tabakgenuss «Tabaktrinken», in Anlehnung an den Alkoholgenuss. Wie dem Kaffee wurde dem Tabak eine antierotisierende Wirkung nachgesagt. Nikotin ist ein Nervengift, das lähmend wirkt. Es dämpft den Bewegungsdrang und etwaige Leidenschaften und sollte so unterstützend die Aufmerksamkeit auf geistige Tätigkeiten lenken. Der Genuss von Tabak zusammen mit Kaffee war und ist bei vielen Geistesarbeitern sehr beliebt. Während das Nikotin für die Ruhigstellung des Körpers sorgt, beschleunigt das Koffein die innere Unruhe und Bewegung. Viele Werke der Weltliteratur verdanken diesen beiden Suchtmitteln sicherlich einen Teil ihrer Entstehung.

Der Siegeszug der Zigarette über die ganze Welt war nicht mehr aufzuhalten. Als maschinengefertigtes Massenprodukt ist sie heute für jeden erschwinglich, man kann sie auch selbst drehen, sie ist bequem in größeren Mengen bei sich zu tragen und, im Gegensatz zu Pfeife und Zigarre, schnell zu Ende geraucht. Dies entspricht dem Bedürfnis nach schnellem, jederzeit möglichem Genuss. Zigarettenrauchen stört kaum bei der Arbeit («höchstens» die nicht rauchenden Kollegen und Kolleginnen) und lässt sich gut zur Demonstration von hohem gesellschaftlichem Rang einsetzen. Die Benutzung kostbarer Rauchutensilien, wie z. B. Feuerzeug, Etui, Zigarettenspitze, oder auch die Zigarettenmarke demonstrieren Besitzstand, Kultur und Geschmack.

Die Zigarette steht allen Bevölkerungsschichten zur Verfügung, ohne jedoch die Unterschiede zu nivellieren.

Kinostars wie Greta Garbo, Humphrey Bogart, James Dean oder Jean-Paul Belmondo haben uns gezeigt, dass Rauchen nicht gleich Rauchen ist, sondern dass es darauf ankommt, wie die Zigarette zwischen den Lippen hängt. Verkauft und konsumiert wird mit dem Tabak auch eine Scheinwelt. Die Zigarettenmarke ist dafür die Eintrittskarte.

Wie weit abhängige Raucher sich erniedrigen können, war in den ersten Jahren nach dem Zweiten Weltkrieg zu beobachten. Selbst die kleinsten, schmuddeligsten Zigarettenreste wurden aufgesammelt und zu neuen Glimmstängeln «verarbeitet». Für Zigaretten wurden überhöhte Preise gezahlt, wichtige Lebensmittel oder wertvolle Familienstücke gegen sie eingetauscht. Die Zigarette war auf dem Schwarzmarkt die Währungseinheit schlechthin.

Medizinische Aspekte

Tabak enthält Mineralstoffe wie Kalium, Magnesium, Eisen, Phosphor, Schwefel und Chlorverbindungen. Weiterhin Zellulose, Stärke, Zucker, Alkaloide, Kohlenwasserstoffe, Phenole, Fettsäuren, Arsen, das radioaktive Polonium und Nitrosamine, die überwiegend für die krebsauslösende Wirkung des Rauchens verantwortlich gemacht werden.

Nikotin ist ein hochgiftiges Alkaloid. Die tödliche Dosis für einen Erwachsenen beträgt 50 mg. Obwohl die gesundheitsschädigende Wirkung von Tabak seit langem bekannt ist, unterliegt er dem Lebensmittelgesetz und darf frei verkauft werden.

Laboruntersuchungen haben jedoch gezeigt, dass für den abhängigen Konsum nicht allein das Nikotin verantwortlich ist. Die Gabe von Nikotin in Form eines Kaugummis lässt das gierige Bedürfnis nach einem Glimmstängel in der Hand nicht verschwinden. Der Suchtantrieb muss also in der Psyche des Menschen begründet sein.

Unumstritten ist heute, dass Rauchen das Krebsrisiko sehr wesentlich erhöht sowie dass einige gesundheitsschädigende Substanzen deutlich höher im Nebenstrom als im Hauptstrom zu finden sind. Der Nebenstrom ist der Rauch der verglimmenden Zigarette im Aschenbecher – das, was der Passivraucher einatmet. Der Hauptstrom ist der inhalierende Zug des Rauchers.

Der Tabakrauch passiert Lippen, Zunge, Kehlkopf, Bronchien und Lunge. Er dringt aber auch über die Schleimhäute der Augen, der Speiseröhre und des Magens in den menschlichen Organismus ein. Die Schädigungen sind umso stärker, je niedriger das Einstiegsalter war und je länger und je mehr geraucht wurde.

Aus dem glimmenden Tabak wird das flüssige Nikotin herausdestilliert und mit dem Rauch, auf winzigen Teertröpfchen, in die Lunge transportiert. Abbauprodukte entstehen in der Leber, den Nieren und der Lunge. Innerhalb weniger Sekunden wird Nikotin vom Gehirn aufgenommen, weitere Substanzen werden dadurch freigesetzt. Die Blutgefäße verengen sich beziehungsweise schließen sich ganz. Die Hauttemperatur fällt deutlich ab. Langjährige Raucherinnen und Raucher leiden unter chronisch kalten Händen und Füßen. Das «Raucherbein» oder die «Schaufensterkrankheit» sind eine Folge von nikotinbedingter chronischer Mangeldurchblutung der Beine. Das kann im Extremfall zum Absterben des Gewebes führen, was eine Amputation erforderlich macht.

In einer Studie von 1990 wurden für Deutschland 111 000 tabakbedingte Todesfälle nachgewiesen, davon 43 000 durch Krebs, 37 000 durch Kreislauf- und 20 000 durch Atemwegserkrankungen.

Nikotin führt zu einem Druckanstieg des Kreislaufs und erhöht die

Schlagfrequenz des Herzens. Das Herz braucht mehr Sauerstoff. Durch die ständige Erhöhung der Schlagfrequenz und die dadurch entstehende Belastung des Herzmuskels werden bei chronisch verengten Gefäßen vermehrt Kalk und Cholesterin an den Gefäßwänden abgelagert. Die unter normalen Bedingungen glatten Gefäßinnenwände werden nun uneben und der Blutfluss wird gestört. Es kommt zu einer erhöhten Gerinnungsneigung des Blutes. Raucherinnen und Raucher erkranken weitaus häufiger an Bluthochdruck, Herzinfarkt, Schlaganfall und diversen Herz-Kreislauf-Erkrankungen als Menschen, die nicht rauchen.

Nikotin beeinflusst auch den Hormonspiegel im menschlichen Körper. Er baut Östrogen ab, was dazu führt, dass Raucherinnen häufig an Menstruationsstörungen leiden, früher in die Wechseljahre kommen und ihre Haut frühzeitig altert. Der Entzug des Östrogens bedeutet für Frauen aber auch, dass das Osteoporose-Risiko steigt, denn der Kalkstoffwechsel der Knochen wird durch das Östrogen gesteuert.

Durch seine Wirkung auf das zentrale Nervensystem ist Nikotin eine Suchtdroge. Kleine Mengen Nikotin erregen die Nervenzellen, während größere Mengen sie lähmen. Aus diesem Grund wird der Genuss von Nikotin sowohl als anregend als auch entspannend erlebt. Durch kleine Mengen können Aufmerksamkeit und Leistungsfähigkeit vorübergehend gesteigert werden, mit größeren Mengen, bei denen auch Endorphine (Schmerzblocker) freigesetzt werden, lassen sich Stress und Schmerzen leichter ertragen.

Im Gegensatz zu anderen Suchtdrogen, wie Alkohol oder Heroin, führt der Nikotinkonsum nicht zwangsläufig zu einer ständigen Dosiserhöhung. Dadurch bilden sich sehr unterschiedliche Raucherpersönlichkeiten aus. Vom Genuss- über den Gewohnheits- bis hin zum Suchtraucher ist die Palette breit gefächert. Der Genussraucher ist aus medizinischer Sicht nicht gefährdet. Problempatienten sind jedoch Gewohnheits- und Suchtraucher, die an einen hohen Nikotinspiegel gewöhnt sind. Anders als Alkohol- oder Rauschgiftsüchtige bleibt der Nikotinabhängige aber in seinen sozialen Netzwerken integriert. Entzugssymptome treten nur geringfügig auf, auch der plötzliche Entzug ist nicht lebensbedrohend, sondern stellt lediglich ein psychologisches Problem dar.

Tabakrauch enthält Kohlenmonoxid, das verhindert, dass der Körper ausreichend mit Sauerstoff versorgt wird. Um das auszugleichen, bildet der Körper vermehrt rote Blutkörperchen, die die Fließfähigkeit des Blutes verschlechtern und, zusätzlich zum Nikotin, das Risiko von Herz-Kreislauf-Erkrankungen und Gefäßschäden erhöhen. Raucher sterben durchschnittlich 10 Jahre früher als Nichtraucher.

Durch die im Tabak enthaltenen Teerstoffe werden Lippen, Zunge, Speiseröhre, Magen, Kehlkopf, Bronchien und Lunge geschädigt. Im Magen verursacht die chronische Teerbelastung eine vermehrte Bildung von Magensaft und Salzsäure. Dies wiederum führt zu dem bei Rauchern schon in jungen Jahren bekannten Krankheitsbild: der chronischen Magenschleimhautentzündung. Magenoperationen aufgrund chronisch wiederkehrender Geschwüre betreffen fast ausschließlich Raucherinnen und Raucher.

Am schwerwiegendsten werden jedoch die Bronchien und die Lunge durch die Teerstoffe geschädigt. Der Teer zerstört die feinen Flimmerhärchen der Bronchialschleimhaut, die eine wichtige reinigende Funktion haben. Dadurch geht deren Schutzfunktion verloren und der Raucher ist verstärkt den schädigenden Substanzen ausgesetzt. Teerstoffe, die nun nicht mehr abgehustet werden können, sammeln sich in der Lunge an. Die Lunge eines 40-Jährigen, der mit 12 Jahren zu rauchen begann und nun bei 30 Zigaretten täglich angelangt ist, sieht aus wie ein Stück frisch geteerte Straße.

Die Lungenfunktion ist nun beeinträchtigt und es kommt zu einer chronischen Bronchitis. Eine chronische Bronchitis wird sogar bereits bei Säuglingen und Kleinkindern beobachtet, wenn beide Eltern rauchen. Diese Kinder erkranken drei Mal häufiger an Bronchitis und Asthma als Kinder nicht rauchender Eltern.

Mehr als 80 Prozent aller Lungenkrebserkrankungen sind auf den Tabakkonsum zurückzuführen. Etwa jeder zehnte Raucher erkrankt an Lungenkrebs. Das Risiko ist abhängig vom Einstiegsalter (je früher, desto risikoreicher), vom Tageskonsum und der Dauer des Rauchens.

Nahm man früher an, dass überwiegend die Teerstoffe den Lungenkrebs auslösten, so weiß man heute, dass auch das Zusammenwirken der anderen toxischen Substanzen daran beteiligt ist.

Ein Gewohnheits- oder Suchtraucher zahlt einen hohen Preis für seinen Tabakkonsum: Er zahlt die Zigaretten, er zahlt mit verschlechterter Lebensqualität und dem Verlust seiner Gesundheit, und er zahlt, durchschnittlich betrachtet, mit einem um 10 Jahre früheren Tod.

Abwarten und Schnaps trinken

Martina war 13 Jahre alt, als die Mädchen begannen, in der Pause auf dem Schulhof heimlich Sekt zu trinken. Sie fühlte sich toll. Dieses Gefühl, «über allem zu stehen», wurde bald ein fester Bestandteil in ihrem Leben. Mit 15 Jahren hatte sie immer eine Flasche Likör unter ihrem Bett versteckt. Bald brauchte sie mindestens eine halbe Flasche, um überhaupt einschlafen zu können. Irgendwann kamen Tabletten dazu, und Martina konnte ohne diesen Rauschzustand nicht mehr leben. Tabletten, in der Verbindung mit Alkohol, führten schnell zu einem Rausch und waren leicht zu bekommen. Die ganze Sache platzte, als die Eltern Martinas Versteck unter dem Bett entdeckten. Es gab ein Riesentheater. Für kurze Zeit verlegte Martina sich aufs Essen. Als sie zunahm, begann sie wieder heimlich zu trinken, soweit es eben ging. Das dauerte nicht lange. Die Mutter zwang ihre Tochter, zur Beratungsstelle zu gehen. Martina fühlte sich leer und unbeteiligt, ihre Versprechungen konnte sie nicht einlösen. Es dauerte noch ungefähr zwei Jahre, bis sie selbst bereit war, sich einer Therapie in einer Klinik zu unterziehen. Diese zwei Jahre waren eine schreckliche Zeit, immer wieder Lügen, Heimlichtuerei, Versprechungen, die sie nicht einhielt, und Selbstlügen. In der Klinik lernte Martina viel über sich selbst und über Suchtmechanismen. Sie kommt jetzt besser mit sich zurecht, aber ihr ist klar, dass sie lebenslang gefährdet sein wird.

Designer-Drugs, Opium, Kokain und Haschisch machen Schlagzeilen. In den Medien wird viel Wind um illegale Drogen gemacht, Rauschgiftsyndikate und die internationale Drogen-Mafia sind zu Hauptfeinden der Vereinten Nationen erklärt. Währenddessen geht still und unerbittlich der Drogentäter Alkohol um.

Beim Alkoholkonsum liegt Deutschland ganz vorn. Beim Bierverbrauch nimmt es im internationalen Vergleich die 3. Position ein, bei Spirituosen und Wein jeweils die 15. Stelle. Beim Gesamtalkoholverbrauch pro Einwohner hält Deutschland international die 4. Stelle.

Bereits Kleinkinder erfahren in ihrem Alltag ein breites Spektrum von alkoholbezogenen Wahrnehmungen, Erlebnissen und Verhaltensweisen. Bei Familienfeiern dürfen sie das erste Mal am Glas der Eltern nippen, nach einer Party nehmen sie die Batterie leerer Flaschen wahr und erleben ihre betrunkenen Eltern an Silvester oder auf dem «runden» Geburtstag. Tatsächlich gibt es auch Eltern, die ihren Kindern etwas Wein geben, damit sie ruhig sind. In Ostfriesland war es früher Brauch, schreienden Kleinkindern in «Korn» eingetauchte Weißbrotwürfel zu verabreichen, damit sie ruhig waren und schliefen. Diese Erfahrungen fließen ein in die individuellen Persönlichkeits- und Umweltfaktoren und legen so einen Entwicklungsverlauf fest, der mitbestimmt, ob ein Mensch süchtig wird. Während in der Jugendzeit die Clique wichtiger wird, ist in der Grundschulzeit das Elternhaus prägender bei der Entwicklung alkoholbezogenen Verhaltens. Schon 10-Jährige dürfen bei Familienfeiern gelegentlich «ein ganz kleines Schlückchen» mittrinken. Sie sehen den Vater, der allabendlich sein Bier trinkt und endlich die Arbeit vergessen und sich entspannen kann. Sie nehmen wahr, dass es für die Eltern am Abend nichts Schöneres gibt, als gemütlich mit einem (oder mehreren) Glas Wein einen Film im Fernsehen anzuschauen. So wird ihnen vermittelt, dass Alkohol einfach dazugehört und Freizeit, Entspannung, Spaß und fröhliches Miteinander nur auf diese Weise möglich werden. Die gefühlsmäßige Verknüpfung dieser Droge wird dadurch verfestigt.

Noch stärker als im Kindesalter erfolgt die Alkoholsozialisation – in enger Wechselbeziehung zu den vorherigen Entwicklungsstufen – im Jugendalter. Diese Zeit ist geprägt durch Spannung und Konflikte.

Durch die Entwicklung einer eigenen Identität, durch Wertorientierungen und die Auseinandersetzung mit der Gemeinschaft, den Aufbau eines eigenen Freundeskreises und die wechselnde Distanz und Nähe zu den Eltern.

Trinken in der Öffentlichkeit ist für junge Menschen ein wesentliches Statussymbol für das Erwachsensein. Dazu gehört nicht nur das «normale» Trinken in der Familie, sondern das Erlebnis in der Gleichaltrigengruppe, auf Klassenfahrten, in Schullandheimen, auf Partys, in Discos oder auf Betriebsfeiern. Der erste Rausch erfolgt oft in einer ganz besonderen Situation, die der/die Jugendliche gern wieder erleben will. Die Gefahr, Alkohol bei Schulangst, Krach mit den Eltern etc. als Problemlöser einzusetzen, ist im Jugendalter besonders hoch.

Der sorglose Umgang mit Alkohol spiegelt sich auch in der Nahrungsaufnahme wider. Selbst kleine Mengen «versteckten» Alkohols können bei kleineren Kindern zu großen Schäden führen. Alkohol befindet sich in manchen Fertigsuppen und Soßen, in Rotweinessig und Weinsauerkraut, in Kuchen, Trüffeln, Rumkugeln, Weincremes, Liköreis, Pralinen, Ostereiern oder im Fertig-Käsefondue. Die Liste ist lang. Da der Alkoholgehalt in Fertiggerichten gering ist, braucht er oftmals nicht deklariert zu werden. Das ist nicht nur für Kinder und Jugendliche problematisch, sondern auch für trockene Alkoholiker und alkoholgefährdete Menschen. Schon der Geschmack, verursacht durch Aromastoffe, führt manchmal zu einem Rückfall. Bei Kindern kann die Gewöhnung an den Alkoholgeschmack (durch Eis oder Süßwaren) dazu führen, dass die Hemmschwelle zum Ausprobieren von «richtigem» Alkohol herabgesetzt wird. Kinder lernen also sehr schnell, dass ein Leben ohne Alkohol langweilig, trostlos und anstrengend ist. Da sie Fans der kurzen, meist lustigen Werbespots sind, bekommen sie die «Lebensweisheiten» der Spirituosenproduzenten mit auf ihren Lebensweg: «Wenn einem so viel Gutes widerfährt», «ein gutes Stück Deutschland», «weil es immer einen guten Grund gibt (zu feiern)», «der hilft dir schnell übern Berg» usw.

Kinder im Vorschulalter lernen von ihren Eltern und verinnerlichen unbewusst deren Trinkverhalten und Umgang mit Alkohol. Zwischen dem 6. und 10. Lebensjahr ahmen Kinder die Erwachsenen ganz besonders nach. Untersuchungen von Engel und Hurrelmann mit circa 2000 Heranwachsenden ergaben, dass ein Prozent der Jugendlichen zwischen 12 und 14 Jahren bereits regelmäßig Alkohol trinkt. Bei den 15- bis 17-Jährigen waren es bereits 14 Prozent. Fast die Hälfte der Befragten klagte über gesundheitliche und persönliche Probleme. Den Antworten konnte auch entnommen werden, dass Alkohol für viele der Einstieg in Haschisch, Marihuana oder Heroin darstellt.

Die Trinkmuster, die Kinder in der Familie lernen, werden später in der Gleichaltrigengruppe ausprobiert. Oftmals bestätigt, manchmal aber auch korrigiert.

Schon 16?

Mit nur wenigen Ausnahmen bekommen selbst kleinere Schulkinder Alkohol in Geschäften, Supermärkten und am Kiosk, wenn sie ihn «für Papa» kaufen. Da das Einstiegsalter zum Alkoholkonsum immer mehr sinkt, das Verkaufspersonal sich aber damit nicht auseinander setzen kann oder will, wurde die Aktion «Schon 16?» ins Leben gerufen. Die Aktion will Verantwortliche (d. h. die Verkäuferinnen und Verkäufer von Alkohol) sensibilisieren und informieren, wie wichtig es ist, sich an das Jugendschutzgesetz zu halten und Alkohol nicht an Jugendliche unter 16 Jahren abzugeben. Das gilt besonders für Bedienungen bei Fasnachtsveranstaltungen, Gemeinde-, Straßen-, Stadt- oder Weinfesten.

Die Veränderung geschieht zunächst im Kopf. Verantwortliche werden informiert und die Aktion wird mit Aufklebern und Handzetteln unterstützt. Die Situation ist für das Verkaufspersonal ungemein leichter, wenn es statt schwieriger Auseinandersetzungen einfach einen Handzettel für Kinder gibt: «Hier steht drauf, warum wir dir keinen Alkohol verkaufen.»

Wie das Zigarettenrauchen ist der Alkoholkonsum als ein komplexes soziales Verhaltensmuster anzusehen, das die Heranwachsenden selbstverständlich und kulturell «normal» von Kindesbeinen an begleitet.

Vielleicht noch deutlicher als beim Rauchen erleben Kinder von Anfang ihres Lebens an, dass Alkohol ein sozial akzeptiertes Genuss- und Rauschmittel ist, das nahezu von allen Erwachsenen konsumiert wird.

Die ersten Probiererfahrungen werden um das 10. Lebensjahr herum gesammelt. Um das 12. Lebensjahr herum ist mit dem Konsum von Alkohol auch ein zunehmendes Selbständigwerden des Jugendlichen zu beobachten. Mit dem Alter wächst die Zahl der sporadischen Konsumenten ebenso wie die Gruppe der täglichen oder wöchentlich mehrmaligen Trinker. Alkohol ist für Heranwachsende äußerst attraktiv. Er verheißt Erwachsenenstatus, soziale Anerkennung, Erleichterung von Kontaktaufnahmen, Entspannung, Konfliktlösung und Dazugehörigkeit. Mit Alkohol lassen sich die Unsicherheiten und Identitätsprobleme scheinbar leichter in den Griff kriegen. Der Konsum von Alkohol ist eine kulturelle Selbstverständlichkeit, die vielfach zu Gruppen- und Trinkzwängen ausartet. Er ist:

- **Statushandlung**
  Mit der Orientierung an den Erwachsenennormen wird auf diese Weise wenigstens symbolisch vermeintliche Unabhängigkeit, Freiheit und Kompetenz auf den Heranwachsenden übertragen.

- **Konformitätshandlung**
  Durch Gleichziehen – oder sogar durch Übertreffen – des in der Gruppe üblichen Alkoholkonsums und durch alkoholgetränkte Mutproben wird um die Anerkennung und Wertschätzung der anderen Gleichaltrigen in der Gruppe geworben.

- **Ersatzhandlung**
  Der Rausch hilft auf schnelle und wirksame Weise Probleme oder auch Langeweile zu verdrängen. Er erleichtert die Kontaktaufnahme, verschafft ein intensives Dazugehörigkeitsgefühl und vertreibt Einsamkeitsempfindungen.

Heranwachsende unterliegen einem verschärften Gruppenzwang zum Trinken und Mittrinken, um anerkanntes Mitglied einer Gleichaltrigengruppe zu werden. Wenn sie nicht mitmachen, sind sie nicht «cool», sondern geraten sofort in eine Außenseiterrolle.

Die kulturelle Selbstverständlichkeit des Alkoholkonsums legt es Heranwachsenden nahe, ihre Bedürfnisse nach Intensität, Nervenkitzel, Bestätigung, Körpererleben und Grenzüberschreitung mit seiner Hilfe auszudrücken. In der rituell geteilten Gemeinschaft können eventuelle Zukunftsängste wenigstens kurzfristig beiseite geschoben werden.

Zur Geschichte des Alkoholgenusses

Umgangssprachlich bezeichnet der Begriff «Alkohol» meist nur das Äthanol. Alkohol (Äthanol) wirkt auf das zentrale Nervensystem, d. h. direkt auf das Gehirn. Die Form des Konsums ist abhängig von den unterschiedlichen kulturellen Entwicklungen. Alkohol wirkt erregend bis euphorisierend, kann aber auch zu Aggressionen und Gewalthandlungen führen.

In Ägypten wurde die Rebe schon 3500 v. Chr. angebaut. Die Römer brachten sie dann nach Mitteleuropa. Bei den alten Griechen des klassischen Altertums waren der Wein und seine berauschende Wirkung sehr gut bekannt. Um die Rauschwirkung abzuschwächen, wurde der Wein mit Wasser gemischt. Die Weinschorle ist somit ein «uraltes» Getränk. Die Griechen hatten auch einen Gott des Weines: Dionysos. An seinen Festtagen wurde sehr viel Wein konsumiert, das als das Blut des Gottes galt. Der römische Weingott war Bacchus. Die Feste zu Ehren beider Götter kann man eigentlich nur als Saufgelage bezeichnen.

Auch im Christentum taucht der Wein als Gottessymbol auf. Die Geschichte der Verwandlung von Wasser in Wein symbolisiert die göttliche Kraft Jesu. Nach einem Bericht im Johannesevangelium hat Jesus gesagt: «Ich bin der Weinstock, ihr seid die Reben.» Und auch der vom Pfarrer getrunkene Wein beim Abendmahl, als Symbol für Jesu Christi Blut, hat lange Tradition. Trankopfer gab es auch in vielen anderen Kulturen.

Aber der Traubenwein ist nicht das einzige alkoholische Getränk mit einer langen Geschichte. In Südamerika, Westafrika, Indien und Indonesien wird Palmwein hergestellt. Entweder aus den Früchten, z. B. der Dattelpalme, oder aber die Stämme werden angeritzt, sodass der zuckerhaltige Saft ausfließen und zu Wein vergoren werden kann.

In Mexiko wird aus verschiedenen Agavenarten Wein hergestellt. Ursprünglich wurde dieser Wein zu rituellen Anlässen getrunken. Inzwischen ist er jedoch das Getränk der ärmeren Menschen. Da dieser Wein (im Spanischen «Pulque» genannt) auch den Hunger stillt, wird er gelegentlich als Ersatz für das teurere Essen verwendet. Manchmal bekommen sogar Schulkinder ihn schon zum Frühstück, sodass sie mittags bereits einen Rausch haben.

Bei den Germanen des Altertums war Met, der Honigwein, zunächst der Trank bei Opfermahlen, dann aber auch ein beliebtes Getränk zum allgemeinen Hausgebrauch. Auch den Griechen und Römern derselben Zeit war dieser mit Wasser vergorene Honig ein beliebtes Genussmittel.

Schon seit 3000 v. Chr. ist die Bierherstellung aus Getreide in Ägypten belegt. Seit dem 6. Jahrhundert wurde Hopfen als Konservierungs-, Würz- und Beruhigungsmittel verwendet. Bier hatte bei den Germanen von jeher eine große kulturelle Bedeutung. Viele rituelle Handlungen beinhalten das Opfern von Bier an die Götter- und Geisterwelt. In den Anden Südamerikas wird aus Mais und Hirse Bier gebraut. Inzwischen ist aber der Konsum von Zuckerrohrschnaps weiter verbreitet. Die Europäer brachten die in Amerika heimische Maispflanze nach Ostafrika, sodass auch dort seit einigen Jahrzehnten die Bierherstellung aus Mais bekannt ist. Älter ist jedoch die afrikanische Tradition des Genusses von Bananen- und Bambusbier.

In Südamerika und bei den karibischen Völkern im Norden Südamerikas ist die Hauptnahrungspflanze der Maniok. Dies ist eine sehr stärkehaltige Wurzelknolle, die als Brei gekocht oder zu Mehl gemahlen verzehrt wird. Zum Ausgleich von Ernteausfällen wird mehr Maniok angebaut, als für die tägliche Nahrung notwendig ist. Aus den Überschüssen wird Bier gebraut, das bei Trinkgelagen verschwenderisch ausgeschenkt wird. Da der Alkoholgehalt sehr gering ist und die Feste durch Rhythmus, Tanz und Gesang stark geprägt und kontrolliert sind, gibt es meist keine größeren Probleme. Schwierig wird es bei vielen Kulturen durch die Einfuhr hochprozentiger Billigdestillate, die zur Volltrunkenheit führen und alte soziale und rituelle Kontrollmechanismen außer Kraft setzen.

In manchen Kulturkreisen, besonders in Zentralasien und Russland, wird Milch vergoren und es entsteht ein milchsaures Getränk mit wenig Alkohol. Besonders die Viehzüchtervölker im türkisch-mongolischen Sprachraum kennen seit Jahrhunderten Zubereitung und Genuss von vergorener Milch. Der Konsum diente nicht nur dem Löschen des Durstes, sondern hatte auch eine soziale und rituelle Bedeutung.

Die Geschichte des Alkohols und seiner Zubereitungs- und Genussformen ist so alt wie die Geschichte der Menschheit. Da Alkohol in unserer Gesellschaft ein legales Genussmittel ist, hat sich sein Missbrauch in den letzten Jahren zu einem der größten gesellschaftlichen Probleme entwickelt.

Medizinische Aspekte

Abhängiger Konsum von Alkohol führt zu Schädigungen des gesamten Organismus und in vielen Fällen auch zur Zerstörung der Arbeitsfähigkeit und der sozialen Bindungen. Zu den möglichen körperlichen Schäden gehören:

- Absterben von Millionen von Gehirnzellen
- Übergewicht
- Krebserkrankungen (besonders in der Mundhöhle, in der Speiseröhre, in der Leber, in der weiblichen Brustdrüse und im Enddarm)
- Leberschäden (Fettleber, Leberschrumpfung)
- Herz-Kreislauf-Schäden (Bluthochdruck, Herzmuskelerkrankungen)
- Erkrankungen des Zentralnervensystems (Schlaganfälle, Gedächtnisstörungen, Nachlassen der geistigen Fähigkeiten)
- Krampfanfälle
- Verwirrungszustände, Wahnvorstellungen

- Nervenentzündungen (Gefühlsstörungen und Lähmungen an Armen und Beinen)
- Schwächung des Immunsystems (erhöhte Neigung zu Infektionserkrankungen)
- Störung des Hormonsystems (Nachlassen der Potenz)

Alkohol wirkt toxisch. Er dämpft, wirkt dadurch beruhigend und kann im Extremfall zu Lähmungen führen. In sehr geringen Dosen hat Alkohol eine stimulierende Wirkung. Dies gilt aber nur so lange, wie der Körper die zugeführte Menge noch abbauen kann. Gelangt viel Alkohol in kurzer Zeit ins Blut, setzt die dämpfende Wirkung ein. Bei einer Alkoholvergiftung kann dies bis zur Atemlähmung mit anschließendem Erstickungstod führen.

Neben diesen direkten primären Schädigungen kommt es häufig auch noch zu sekundären Schädigungen:

- Alkohol führt oftmals zu Aggressivität und Gewalt gegen andere. Körperverletzung, Totschlag, Vergewaltigung und Kindesmisshandlung in der Familie sind alkoholtypische Delikte.
- Alkoholisierte Personen werden wiederum häufiger Opfer von Straftaten.
- Selbstverletzungen, Verbrennungen oder Erfrierungen sind mögliche Folgen von Trunkenheit.
- Die Unfallgefahr in allen Bereichen des Lebens ist für Betrunkene um ein Vielfaches höher.

Alkohol wirkt im Körper wie ein Betäubungsmittel. Das Sehvermögen wird schon bei geringem Alkoholgenuss beeinträchtigt, die Koordinationsfähigkeit lässt nach und Gehör- und Geruchssinn verschlechtern sich. Das Reaktionsvermögen nimmt ab, Geschwindigkeiten können nicht mehr realistisch eingeschätzt werden, und die Bereitschaft, Risiken einzugehen, steigt. Alkoholkonsum führt zu Ermüdungs- und Konzentrationsstörungen.

Alkohol ist eine der häufigsten Unfallursachen.

Kinder reagieren sehr viel sensibler auf Alkoholgenuss als Erwachsene. Schon ein winziger Schluck hochprozentiger Schnaps kann bei einem sehr kleinen Kind zu Vergiftungen führen. Jeder willentliche, bewusste Konsum von Alkohol durch Kinder ist ein Warnsignal für die Eltern. Gesetzlich ist die Abgabe von Alkohol an Kinder unter 16 Jahren verboten, aber normalerweise halten sich weder die Gastronomie noch die Kioske, Supermärkte oder Tankstellenshops daran. Je früher ein Kind mit dem Alkoholgenuss beginnt, desto größer ist die Gefahr, dass es später abhängig wird. Das gilt für alle Suchtmittel.

Die Fähigkeit des Organismus, Alkohol zu vertragen und wieder abzubauen, sinkt mit zunehmendem Alter. Da viele Menschen in höherem Alter Medikamente einnehmen müssen, kommt es oft zu fatalen Wechselwirkungen.

Neue Erkenntnisse über die Alkoholkrankheit liegen seit einigen Jahren aus der Hirnforschung vor. Die Informationsübertragung zwischen den Nervenzellen des Gehirns wird von bestimmten chemischen Botenstoffen, den «Neurotransmittern», vermittelt. Diese Stoffe bewirken auch Entspannung oder Erregung und lösen Gefühle wie Zufriedenheit, Glück, Angst oder Depression aus. Beim Konsum von Alkohol verändert sich der Informationsaustausch zwischen den Nervenzellen. Alkohol bindet sich an die Kontaktstellen für Transmitter, die so genannten Rezeptoren, die auf den Zellen sitzen, an. Für die Entstehung von Alkoholabhängigkeit spielen vor allem das aktivierende und das hemmende Botenstoff-System eine wichtige Rolle. Schon nach wenigen Schlucken hemmt der Alkohol das in den Nerven für die Weiterleitung von Erregung zuständige System. Das ist so, als würde man beim Autofahren das Gas wegnehmen.

Gleichzeitig werden Hemmvorgänge aktiviert und dadurch die Erregbarkeit der Nervenzellen zusätzlich gedämpft. Um bei unserem Bild zu bleiben: Das ist, als wenn man nun noch zusätzlich auf die Bremse tritt.

Diese doppelte Dämpfung erklärt die beruhigende und entspannende Wirkung des Alkohols. Durch ständigen Alkoholmissbrauch entsteht ein immer größeres Ungleichgewicht zwischen Erregung und Dämpfung. Die Nervenzellen bilden nun noch mehr Rezeptoren, um den Verlust an erregender Wirkung auszugleichen. Gleichzeitig stumpfen die Nervenzellen der Rezeptoren des dämpfenden Systems ab und versuchen auch so, die übermäßige Dämpfung auszugleichen. Jetzt funktionieren die Zellen wieder einigermaßen normal, aber nur solange die Alkoholzufuhr nicht unterbrochen wird. Wehe, wenn sie gestoppt wird: Da die Nervenzellen jetzt zu viele Rezeptoren für die erregenden Stoffe und unempfindliche für die dämpfenden Stoffe haben, geraten sie in einen Zustand der Übererregung, weil der Alkohol als «Bremse» nun fehlt.

Das Nervensystem ist somit aus dem Gleichgewicht geraten. Es kommt zu den typischen Entzugserscheinungen wie Nervosität, Reizbarkeit, Zittern, Schweißausbrüchen und dem schier unwiderstehlichen Verlangen, der Gier nach Alkohol, um den Zustand des trügerischen Gleichgewichts wiederherzustellen.

Selbst nach einer Entgiftung dauert es noch viele Wochen, ja Monate, bis sich die veränderten Nervenzellen wieder in ihren Normalzustand zurückentwickelt haben. Die durch dauerndes Trinken veränderten Nervenzellen im Gehirn erhalten die Sucht nach Alkohol aufrecht. Man hat «gelernt», dass Alkohol eine wirksame und ständig verfügbare Droge ist, mit der man diesen äußerst unangenehmen Zustand der Übererregung abschalten kann.

Zusätzlich zu diesen körperlichen Folgeerscheinungen kommen noch die psychischen Schädigungen. Der/die Alkoholabhängige wird von der Gesellschaft ausgegrenzt. Oft gehen partnerschaftliche und familiäre Bindungen in die Brüche, Freunde und Verwandte wenden sich ab. Die Arbeitsfähigkeit geht verloren, es kommt zur Arbeitslosigkeit. Das Leben erscheint dem Alkoholabhängigen kaum noch lebenswert. Der Absturz ist vorprogrammiert.

Ohne Trick kein Kick

Kathrin ist vor wenigen Wochen 18 geworden. Heute ist Freitag und sie will mit Freundinnen und Freunden zu der riesigen Techno-Party im «Tresor» gehen. Seit zwei Jahren schminkt sie sich dafür nicht nur sorgfältig, sondern schluckt zu Hause schon die erste kleine bunte

Ecstasy-Pille. Schon bald fühlt sie sich, als schwebe sie auf Wolken des Glücks. Toll sieht sie in den neuen Klamotten aus. Sie wird das ganze Wochenende durchtanzen. Schnell noch fünf kleine Bunte in das Döschen stecken, damit sie durchhält. Letztes Wochenende hatte sie nur drei mitgenommen und musste teure Pillen in der Disco kaufen. Bei Basti bekommt sie aber inzwischen Mengenrabatt – wenn sie ihm 150 Stück abkauft, bezahlt sie nur 6 Mark pro Stück. Als ihre Freunde unten klingeln, steht sie strahlend vor dem Spiegel und prostet sich mit einem Glas Sekt zu.

Die Techno-Party ist unglaublich schön. Alle sind so glücklich und gut drauf. Die Musik und die Farben sind richtig zum Greifen. Die fünf Pillen reichen gerade. Kathrins Herz schlägt wie verrückt. Sie merkt gar nicht, dass ihr Körper austrocknet. Mehrere Male wechselt die Clique die Szene. Es ist wie bei der Loveparade.

Als Kathrin am Montag nach Hause kommt, ist sie 58 Stunden auf den Beinen gewesen, hat getanzt, wäre vor Glück fast zersprungen und hat nicht eine Minute geschlafen. Sie fühlt sich überhaupt nicht müde und fährt aufgedreht zur Arbeit.

Psychoaktive Substanzen als Tiefenentspanner und Glücksbringer gibt es heute viele. Und jede Menge Autodidakten, die in Hinterhoflabors unter abenteuerlichen Umständen Gifte aufkochen und synthetische Drogen mit phantasievollen Namen herstellen. Vielfach ist deren Wirkung nicht bekannt. Die synthetisch hergestellten Drogen werden im Allgemeinen unter dem Begriff Designer- oder auch Lifestyle-Drogen zusammengefasst. Das sind Rauschmittel, die synthetisch, entweder von natürlichen Giften und Drogen deriviert, abgeleitet, oder – ganz ohne natürliche Grundlagen – auf dem Papier entworfen und berechnet, «designed» werden.

Die Designer-Drogen sind längst kein amerikanisches Problem mehr. Auch der europäische Markt ist überschwemmt mit Dust, Crack, Crystal, Glass, Ecstasy und wie sie alle heißen.

Die einzelnen Stoffe, aus denen die Drogen zusammengesetzt werden, sind meistens legal zu beziehen. Mit seinem Know-how und ein paar Geräten bastelt der Drogenchemiker daraus hochwirksame Suchtstoffe, die ihm tausendprozentigen Gewinn versprechen. Die Wirkstoffkonzentration ist gegenüber halb synthetischen oder natürlichen Drogen um ein Vielfaches erhöht. Die Molekularstruktur ist ähnlich wie die der bekannten, verbotenen Rauschmittel. Die chemische Zusammensetzung jedoch ist so gewählt, dass sie nicht mehr unter das Betäubungsmittelgesetz fällt. Bis Drogenfahnder das Suchtmittel analysiert und auf die Verbotsliste gesetzt haben, haben die Untergrundchemiker längst ein neues Molekül angehängt und nach dem Gesetz einen neuen Stoff designed, der nun wiederum erst einmal analysiert werden muss. Ein Albtraum für Drogenbekämpfer und Suchttherapeuten.

Generell lassen sich Designer-Drogen mit allen bekannten Drogenwirkungen herstellen. Am häufigsten werden jedoch Stoffe mit einer aufputschenden, halluzinogenen Wirkung nachgeahmt. Damit liegen die Drogenhersteller voll im Trend der Zeit. Doping auf allen Ebenen. Nicht nur im Sport, auch in der Freizeit, bei der Arbeit und in der Liebe sind Glücksgefühl und Leistungssteigerung angesagt.

Haschisch und Heroin waren klassische Aussteigerdrogen. Um die Konsumenten herum gab es eine «Szene». Es wurden gesellschaftliche Proteste formuliert und es entstand eine kleine Subkultur. Die Konsumenten der Designer-Drogen sind jedoch Einsteiger. In einer erfolgsorientierten Zeit täuschen sie Erfolgsgefühle und Leistung vor. Damit passen sie sich genau an das derzeitige gesellschaftliche Konzept an.

Designer-Drogen lassen sich in drei große Gruppen unterteilen:

1. Amphetamine und Phenethylamine

Diese Stoffe haben ein weites Wirkungsspektrum, wie LSD, Haschisch, Meskalin und Kokain.

2. Phencyclidine und Tryptamine

Diese Substanzen bewirken LSD-ähnliche Trips.

3. Fentanyle und Prodine

Damit lassen sich Heroin und Morphium ersetzen.

Von stimulierenden über halluzinogene bis hin zu betäubenden Wirkungen lässt sich die gesamte Drogenwelt im Reagenzglas nachbauen. Amphetamine z. B. gibt es ganz legal auf dem Arzneimittelmarkt. Sie sind in Psychopharmaka oder Appetitzüglern enthalten. Auf dem illegalen Drogenmarkt sind sie unter der Bezeichnung «Speed» bekannt. Sie können von den Drogen-Designern leicht weiterverarbeitet werden.

Die gesundheitsgefährdenden Auswirkungen der meisten Designer-Drogen sind noch nicht ausreichend erforscht. Gefährlich sind dabei vor allem die beigemischten Füllstoffe. Durch allergische Gegenreaktionen auf bestimmte Substanzen kann es zu fatalen Schockreaktionen kommen. Sie kündigen sich an durch plötzlich erhöhte Temperatur mit Schweißausbrüchen. In diesem Fall muss sofort eine Klinik aufgesucht werden.

Drogen aus der Gruppe der **Phenethylamine** und **Amphetamine** wirken stark halluzinogen und können zu erheblichen seelischen Veränderungen führen. Sie werden allerdings vom Körper schneller abgebaut als Drogen der anderen Gruppen. Das Bewusstsein und die Erinnerung an die erfahrene Traumwelt bleiben jedoch vorhanden.

Drogen aus der Gruppe der **Phencyclidine** und **Tryptamine** gibt es in vielen Varianten, die mehr oder weniger starke halluzinogene Wirkung haben. In Kapseln, als Lösung oder als Pulver werden sie geschluckt, geschnupft oder gespritzt. Je nach Dosis setzt die Wirkung nach Minuten oder einer halben Stunde ein. Sie hält bis zu sechs Stunden an. Mehrere Tage hintereinander eingenommen, können Nachwirkungen auftreten, die mehrere Wochen andauern. Das Selbstwertgefühl des Konsumenten wird erheblich gesteigert, es kommt zu optischen Verzerrungen von Raum und Tiefe. Abhängig von der Dosis, reicht die Wirkung von einem leichten Gefühl des Schwebens über Euphorie, Bewegungsstörungen, Halluzinationen bis hin zu tagelangen Wahnvorstellungen und Bewusstlosigkeit.

Am gefährlichsten für chronische, abhängige Konsumenten sind die schizophrenieähnlichen psychotischen Zustände, die auch bei Abstinenz noch wochenlang auftreten können. Das starke psychische Suchtpotenzial der Drogen aus dieser Gruppe ruft eine unwiderstehliche Gier nach wiederholtem Konsum hervor. Diese Wirkung ist bekannt bei Crack. Die

Drogen können vom Körper nur sehr schwer ausgeschieden werden, weil sich die Substanzen im Fett- und Nervengewebe einlagern.

Drogen aus der Gruppe der **Fentanyle** und **Prodine** sind unter der Bezeichnung China white oder Persian white in vielen Varianten auf dem Markt erhältlich. Die Wirkung und die Dauer des Rausches sind von Heroin nicht zu unterscheiden. Sie haben jedoch einen tödlichen Nachteil: Die geringste Überdosierung führt zum Tod durch Atemlähmung. Einige dieser Drogen können das Krankheitsbild der Parkinsonkrankheit in schwerer Form auslösen.

Die Drogenszene hat sich in den letzten Jahren erheblich verändert. Die Zeit, in der Drogen ein Mittel auf der Suche nach einer anderen Gesellschaft waren, ist vorbei. Es geht nicht mehr darum, gemeinsame Ziele zu verfolgen. Drogenkonsum ist reine Privatsache.

Drogenkonsum heute bedeutet nicht mehr Ausstieg aus einer kritisch betrachteten Gesellschaft, sondern Einstieg in dieselbe. Die Ideologie von Erfolg und Konkurrenz hat sich in der Designer-Drogen-Szene breit gemacht. Designer-Drogen putschen auf für den Arbeitsalltag, sie verschönern die Freizeit, erleichtern den Kontakt zu anderen und ermöglichen es jedem, zu jeder Zeit gut drauf zu sein. Dadurch haben die Drogen ihren Platz in der Gesellschaft gefunden und stehen nicht mehr außerhalb.

Designer-Drogen sind für viele Menschen heute eher Medikamente: zum Wohlfühlen, zur Leistungssteigerung und zum Gut-drauf-Sein. Sie erscheinen als Arzneimittel, die man sich bewusst selbst verabreicht, so wie man das schließlich auch bei Kopfschmerzen macht. Nicht der Rausch bis zur Bewusstlosigkeit wird gesucht, sondern dass man immer fröhlich ist, ständig glücklich, sich gut fühlt und was losmacht. Diese neue Drogenszene ist so an die Gesellschaft angepasst, dass sie mit ihren gefährlichen Aspekten gar nicht mehr auffällt.

Bei dem Wort Drogen hat fast jeder nur das Bild vom hepatitiskranken gerippedürren Fixer im Kopf, der verwahrlost auf dem urinfleckigen Fußboden einer öffentlichen Toilette liegt. Dass aber der sympathische junge Mann in Designer-Jeans und mit edlem Jackett und teurem Kabriolet ein Drogenabhängiger sein soll, passt nicht in das gewohnte Bild vom Erfolgsmenschen.

Designer-Drogen sind Anpasserdrogen und entsprechen dem neuen Suchttyp des Konformisten. Unselbständig, wie er nun einmal ist, geht es ihm nicht um den Rausch, sondern um die supergute Bewältigung des Alltags, die er leistungsstark und allgemein anerkannt bestehen will. Aus diesem Grunde werden Designer-Drogen mit möglichst milden Wirkungen, aber mit einem hohen psychischen Suchtpotenzial hergestellt. Zufriedene Langzeitkonsumenten sind eben gut für das Geschäft.

Ecstasy

Die kleinen bunten Pillen gehören inzwischen zur Techno-Szene wie das Glas Champagner in die Opernpause. Ecstasy hat ein besseres Image als Heroin. Die kleinen Pillen erscheinen sauberer als die Heroinnadel – und vor allem: Die Konsumenten sind immer gut drauf.

Etwa 20 bis 40 Minuten nach der Einnahme wird das Gehirn mit dem Glückshormon Serotonin regelrecht überschwemmt. Sind die körpereigenen Serotoninreserven erschöpft, kommt es zu Depressionen, Kopfweh und Schlaflosigkeit. Bei Dauergebrauch verkümmern die Nervenenden, Konzentration und Gedächtnis lassen nach. Blutdruck und Puls steigen riskant an, es kann zu Leberentzündungen kommen. Das Hungergefühl wird künstlich herabgesetzt und der Mund trocknet aus. Der Harndrang nimmt zu, wobei der Körper noch zusätzlich austrocknet. Die Wahrnehmung für die eigene Überhitzung und Austrocknung ist stark herabgesetzt, das Risiko eines Nierenversagens steigt rapide an. Die Schäden an den Nervenzellen des Gehirns bleiben oft noch Jahre nach dem Konsum bestehen. Ecstasy macht glücklich für ein paar Nächte, aber doof für lange Zeit.

Wer raucht, nimmt auch Heroin

Mit 10 Jahren rauchte Thomas schon regelmäßig und täglich Zigaretten. Angefangen hatte es in seiner Clique. Bald darauf probierte er Haschisch aus, war aber enttäuscht, weil es nicht bei ihm wirkte. Dann wurde ihm Heroin angeboten. Er wollte eigentlich nicht, wagte aber aus Angst, dass er nicht mehr «dazugehörte», nicht, Nein zu sagen. Nach dem ersten Schuss wurde ihm speiübel. Thomas musste sich übergeben, aber nach etwa einer Viertelstunde fühlte er sich stark, unangreifbar und großartig. Es war, als ob die Sonne in seinem Bauch aufginge und über seinen Kopf stiege. Alles war nur noch schön.

Thomas ist heute 16 und sieht aus wie ein Zombie. Sein Leben wird beherrscht von dem Gedanken, wie er sich Geld für den nächsten Schuss beschaffen kann.

Heroin zählt zu den härtesten Drogen mit dem höchsten Suchtpotenzial. Es gehört zu den illegalen Drogen. Besitz und Gebrauch sind strafbar. Die Rauschgiftsituation in der Bundesrepublik Deutschland stellt sich als sehr ernst zu nehmendes Problem dar. Die Versorgung des illegalen Marktes erfolgte in den letzten Jahren mit Mitteln, die außerhalb von Europa hergestellt werden. Allerdings nimmt die Bedeutung Europas heute bei der Produktion von synthetischen Rauschgiften zu.

Heroin wird aus dem Milchsaft der unreifen Schlafmohnkapsel gewonnen. Das Endprodukt ist ein weißes Pulver. Der Fixer braucht Spritzen, Löffel (Rußspuren am Löffel sind ein recht eindeutiger Hinweis!) und ein Feuerzeug. Heroin wird entweder in die Vene gespritzt, durch die Nase geschnupft oder inhaliert. Der Fixer erlebt einen euphorischen Zustand mit gesteigertem Selbstvertrauen. Alle negativen Gefühle und Empfindungen sowie Schmerzen werden schon nach sehr kurzer Zeit ausgelöscht. Alle Schwierigkeiten verschwinden, es setzt eine Müdigkeit ein, die Sinneswahrnehmungen verblassen.

Selbst eine kurzzeitige Einnahme kann zu körperlicher und psychischer Abhängigkeit führen. Langzeitfolgen sind schwere Leberschäden, Magen- und Darmerkrankungen, Bewusstlosigkeit, Atemlähmung, Herzschwäche. Akute Gefahren sind Infektionen bei unsterilen Spritzen, wie z. B. Geschwüre, Hepatitis oder Aids. Die häufigste Todesursache bei Rauschgifttoten insgesamt ist eine Überdosis Heroin oder die Wechselwirkung mit anderen Stoffen.

Entzugserscheinungen sind Unruhe, Angst, Schlaflosigkeit und Depressionen.

1877 wurde in England erstmals Diacetylmorphin hergestellt, von dem es hieß, es mache im Gegensatz zu Morphin nicht süchtig. 1888 begann die Firma Bayer in Deutschland mit der Massenproduktion und nannte das Produkt «Heroin», abgeleitet vom griechischen Wort «Held». Bis heute wird diese Bezeichnung für die Substanz gebraucht.

Diacetylmorphin wird aus Morphin gewonnen, wirkt aber viel stärker als dieses, da die Blut-Hirn-Schranke für Heroin viel leichter durchlässig ist. Die Rezeptoren der Nervenzellen können Heroin nicht von den körpereigenen Übermittlungssubstanzen unterscheiden. Heroin besitzt eine chemische Struktur wie das Endorphin, dadurch wird es von den Rezeptoren als Endorphin «erkannt». Es täuscht also Nervensignale vor, die gar nicht vorhanden sind. Endorphin ist ein Überträger für die angenehmen Gefühle, für Lust, Euphorie und Glücksgefühl. Gleichzeitig verhindert Heroin, wie die anderen Opiate auch (Opium, Morphium), dass Schmerz übertragende Botenstoffe ausgeschüttet werden. Es kommt zu einem rundherum chemischen Wohlbefinden.

Für dieses künstliche Wohlgefühl braucht man nichts weiter zu tun, als Heroin zu konsumieren. Aber das in immer kürzeren Abständen und mit immer höheren Dosierungen. Die Endorphine werden bei regelmäßigem Heroinkonsum immer weniger. Das macht dem / der Abhängigen nichts aus, solange genug Heroin vorhanden ist. Bleibt es aber aus, dann kommt es zu dem berüchtigten «Absturz». Freude kann nicht mehr empfunden werden, da diese «Information» über die Nervenzellen nicht mehr übertragbar ist. Der einzige Ausweg: Heroin. Bei Abstinenz vom Heroin baut sich der Endorphinspiegel ganz langsam wieder auf.

Heroin führt bei wiederholtem Konsum recht schnell zur körperlichen Abhängigkeit. Die direkten Organschäden durch Heroin sind geringer, als allgemein angenommen wird, weitaus häufiger sind Infektionen durch unsterile Spritzen. Viele Organschäden treten durch den kombinierten Konsum von Heroin und Alkohol auf. Oftmals enthält der angebotene Stoff undefinierbare Beimengungen, die zu Schädigungen führen.

Eine typische Begleiterscheinung der Heroinsucht ist die Verwahrlosung des Konsumenten. Aufgrund der starken Entzugserscheinungen setzen Süchtige alles daran, den Stoff zu beschaffen. Alle Gedanken, Kräfte und Aktivitäten drehen sich um Geld und Heroin. Die Hygiene und die Nahrungsaufnahme werden vollständig vernachlässigt. Heroinsüchtige bieten in dieser Phase das Bild des vollkommenen Elends. Da ihnen das selbst klar ist, geben sich viele den «goldenen Schuss», um endlich dieses irdische Jammertal verlassen zu können.

Heroin wurde früher und wird in manchen Ländern auch heute noch als Schlaf- und Arzneimittel eingesetzt. Bis 1928 war es auch in Deutschland noch frei erhältlich. Es wurde als Arzneimittel bei Erkrankungen der Atemwege, der Lunge, bei Herzschwäche, zur Narkose und bei der Behandlung von Depressionen eingesetzt. Im Ersten Weltkrieg wurde es verwundeten Soldaten in den Lazaretten gegeben, was viele Süchtige zur Folge hatte. 1929 wurde Heroin in Deutschland verboten. Mit diesem Verbot ging der Handel von Ärzten und Apothekern auf illegale Vereinigungen über.

Da Heroin über den Schwarzmarkt zu beziehen ist, haben Konsumenten keine Kontrolle über die Zusammensetzung und die Konzentration. Heroin wird häufig mit anderen giftigen Substanzen, wie z. B. Strychnin oder Chinin, gestreckt. Dadurch wird die Gefährlichkeit um ein Vielfaches erhöht. Es kommt – manchmal unfreiwillig – zu Überdosierungen oder gefährlichen Nebenwirkungen, die zum Tode führen.

Heroin wird in den meisten Fällen gespritzt (gefixt, gedrückt). Oft hat das Weitergeben der Nadel eine rituelle Bedeutung, ist aber Auslöser für gefährliche Infektionen wie Hepatitis oder Aids. Es ist auch üblich, Heroin zu schnupfen oder zu rauchen. Rauchen ist am wenigsten gefährlich, da giftige Strecksubstanzen teilweise durch die Hitze zerstört werden und die Infektionsgefahr durch unsterile Spritzen entfällt.

Zweifellos gilt der Konsum von Heroin, mehr als der jeder anderen Droge, im öffentlichen Bewusstsein, aber auch für den Gesetzgeber, als hochrangiges gesellschaftliches und individuelles Übel. «Heroin» ist ein Synonym für Tod, Krankheit und Verelendung. Für die Umwelt hat der Fixer ein verabscheuungswürdiges Lebenskonzept gewählt, eine Existenzweise, von der sich die Gesellschaft nur distanzieren kann. Heroinkonsum steht für gesellschaftlich übles, abweichendes und unwandelbares Verhalten einer schwerst geschädigten Persönlichkeit, auf die das Gemeinwesen nur mit Strafe und / oder Therapiezwang glaubt antworten zu können.

Fixerinnen und Fixer verlieren ihre soziale Integration in die bürgerliche Gesellschaft. Ein geregelter Alltag ist meist nicht möglich, sie bleiben unter ihresgleichen. Um an den Stoff zu kommen, geraten die meisten von ihnen in die Kriminalität oder Prostitution. Viele Fixer werden auch selbst zu Dealern.

Die Heroinhändler haben einen ganz eigenen Lebensstil. Sie genießen anfangs die Freiheit und das Abenteuer ihres Berufes, denn die Illegalität bringt einen besonderen Nervenkitzel mit sich. Viele können sich zeitweise einen Luxus leisten, von dem sie vorher nur geträumt haben.

Der Körper des Menschen hat seine eigene Art, zu belohnen und Lust zu verschaffen. Wir fühlen uns wohl nach einem tiefen Schlaf, einer erfrischenden Dusche, einem wohltuenden Spaziergang, einem guten Essen oder einem befriedigenden Liebesakt – weil die entsprechenden Körpersäfte aktiviert werden. «Belohnt» sich jemand künstlich, indem er täglich (und später mehrmals täglich) Heroin einnimmt, reduziert er die Produktion dieser Körpersäfte gegen null, bis ihm schließlich das Leben nur mit entsprechend hohen und noch zu steigernden Dosen künstlicher Endorphine erträglich ist. Der Süchtige erlebt durch die Einnahme seiner Droge kaum einen Rausch, sondern normalisiert lediglich seinen angeknacksten Gemüts- und Gesundheitszustand für ein paar Stunden.

Es gibt – schlicht und deutlich – keine Kur gegen Heroinsucht. Sicherlich, der Körper kann entgiftet, die Psyche therapiert werden. Und es gibt gar nicht so wenige ehemalige Junkies, die erfolgreich entzogen haben und seit Jahren «clean» sind. Doch jeder von ihnen gibt zu, dass sein größter Wunsch darin besteht, sich noch ein Mal, nur noch ein einziges Mal, satt zu berauschen am über alles geliebten Heroin.

Auch die Rückfallquoten therapierter Junkies sprechen ihre eigene Sprache. Der Grund: Solche Gefühle, wie sie durch das Bombardement des Gehirns mit künstlichen Neurotransmittern möglich sind, kann der Körper selbst nicht bieten. Man kann die natürliche Endorphin- und Dopaminproduktion mit der künstlichen Versorgung durch Heroin nicht vergleichen. So kommt es, dass der Exjunkie, wenn er großes Glück hat und stark bleibt, sein Leben lang «nur» psychisch abhängig ist.

zweites Kapitel | Sucht ist so vielfältig wie die Drogen auf dem Markt

Seit der Antike gehören Rauschdrogen zu den Genussmitteln des Menschen. Pflanzen, aus denen Drogen gewonnen wurden, und die Entdeckung von Verfahren und Gebrauchsmöglichkeiten führten dazu, dass Völker ganz unterschiedliche Traditionen des Drogenkonsums entwickelten. Um den Mittelmeerraum herum wuchs der Wein, im alten Germanien stellte man durch Vergären von Honig den bekannten Met her, im östlichen Teil Asiens war das Rauchen von Opium beliebt, während in Vorder- und Südasien Haschisch bevorzugt wurde. In Mittel- und Nordamerika wuchs der Tabak, und in Südamerika kauten die Menschen die Blätter des Kokastrauches, um zu ihrem Rausch zu gelangen. Während Alkohol und Tabak sich schnell über die ganze Welt verbreiteten, setzte sich die weltweite Verbreitung von Opium, Kokain und Haschisch erst sehr viel später durch.

Das Drogenproblem ist also keineswegs neu und Missbrauch seit langem bekannt. Neu ist jedoch der permanente Anstieg des Drogenkonsums bei Kindern und Jugendlichen sowie die Ausweitung der abhängig machenden Suchtmittel auf Computerspiele, Videos und Fernsehen. Nicht nur die Anzahl der Drogensüchtigen, -kranken und -toten ist stark gestiegen, sondern auch die Preise für die Drogen. Da der Handel mit illegalen Drogen unter Strafe steht, die Zahl der Konsumenten aber steigt, ist die Beschaffung oft nicht einfach. Viele Jugendliche versuchen sich das Geld für Drogen durch Prostitution oder Kriminalität zu beschaffen.

An dieser Stelle soll noch einmal betont werden, dass das Augenmerk in diesem Buch nicht überwiegend auf der dramatischen Problematik von Drogenkonsum und Beschaffungskriminalität liegt, sondern auf den ganz alltäglichen Drogen, die oft unauffällig und schleichend in das Leben eines Menschen einkehren.

Sucht ist so vielfältig wie die Drogen auf dem Markt. Aber auch scheinbar harmlose stoffgebundene und nicht stoffgebundene Mittel können süchtig machen. Außer den «klassischen» Süchten nach Alkohol, Drogen, Tabletten und Nikotin kennen wir Magersucht, Esssucht, Ess-Brech-Sucht (Bulimie), Spielsucht, Kaufsucht, Sexsucht, Computersucht, Fernsehsucht oder Beziehungssucht. Wenn die Seele des Menschen leidet, können selbst so harmlose Substanzen wie Kaffee oder Schokolade zur Droge werden und in die Abhängigkeit führen.

In unserer Sprache sind auch Begriffe wie Putzsucht, Klatschsucht und natürlich auch die Eifersucht negativ besetzt. Andere Formen von Zwangsverhalten, wie etwa extremer Leistungssport oder Arbeitssucht, sind jedoch in unserer Gesellschaft wohl angesehen und werden durchaus unterstützt und gefördert. Aber ob mit oder ohne Stoff – alles abhängige menschliche Verhalten hat eine Gemeinsamkeit: das nicht mehr kontrollierbare Verlangen nach einer ganz bestimmten Erlebnisqualität, nach Lust, Rausch, Leere, Angstfreiheit, Mut, Entspannung etc. Der Preis ist oft sehr hoch: der Verlust der Freundinnen und Freunde und anderer sozialer Beziehungen, die Zerstörung der Familien und der Gesundheit, das Versagen in der Schule, in der Lehre und im Beruf.

Niemand von uns kann die Zukunft eines Kindes voraussagen. Selbst Kinder mit einer starken Persönlichkeit werden sicher einmal mit potenziellen Suchtmitteln herumexperimentieren und sie ausprobieren. Das Angebot der legalen Alltagsdrogen scheint schier unbegrenzt. Hundertprozentige vorbeugende Suchterziehung gibt es nicht. Aber es gibt etliche Risikofaktoren, die wir von vornherein schwächen oder ganz ausschalten können.

Mehrfachabhängigkeit

Während Süchtige früher eindeutiger einer bestimmten Suchtmittelart zugeordnet werden konnten, kommt es jetzt immer häufiger zu Mehrfachabhängigkeit. Viele Todesfälle sind auf die Überkreuzwirkungen mehrerer gleichzeitig konsumierter Suchtmittel zurückzuführen. Die Kombinationsmöglichkeiten unter den psychoaktiven Stoffen sind äußerst vielfältig. Medikamente können mit anderen Medikamenten, mit Alkohol oder mit illegalen Drogen kombiniert werden.

Alkoholkranke konsumieren zusätzlich Medikamente, um die Wirkung des Alkohols zu steigern, oder als Ersatzstoff für Alkohol. Drogenabhängige nehmen Medikamente oft als Ersatzstoff bei einer Versorgungslücke ein. Medikamentenabhängige benutzen andere oder zusätzliche Medikamente als Austauschstoffe, wenn der Hauptstoff nicht zu bekommen ist.

Einige Medikamente steigern in Kombination ihre Einzelwirkung. Das kann dann, selbst bei geringerer Dosierung, zur Wirkungssteigerung führen.

Am häufigsten werden Alkohol und Medikamente kombiniert. Danach folgen Alkohol, Medikamente und illegale Drogen, dann die Kombination von Alkohol und illegalen Drogen. An letzter Stelle steht die Kombination von illegalen Drogen und Medikamenten.

Michael wäre heute volljährig geworden. Er starb vor zwei Jahren «aus Versehen» an einer Überdosis Heroin, die er zusammen mit dem Schlafmittel Rohypnol genommen hatte. Dieses Medikament wirkt muskelentspannend und angst- und krampflösend. Es ist äußerst gefährlich in der Kombination mit Heroin oder Alkohol. Michael hatte bereits in den ersten Schuljahren Probleme. Seine Konzentrationsfähigkeit war äußerst mangelhaft, er war unruhig und rebellisch. Man merkte, dass ihm die Schule keinen Spaß machte. Auch die Lehrer lehnten ihn spürbar ab. Nur mit den älteren Jungen kam er zurecht. Zu ihnen fühlte er sich hingezogen. Sie wirkten so frei und schon so erwachsen. Es war ihnen egal, wenn sie kiffend auf dem Schulhof entdeckt wurden.

Michaels Eltern versuchten sich auf Anraten der Lehrer Hilfe bei Fachleuten zu holen. Wegen seines aggressiven Verhaltens fand Michael weder Verständnis noch Zuwendung. Die Eltern waren hilflos, lebten dann in Scheidung und trennten sich schließlich. Schon ab der 5. Klasse machte Michael bei allem mit, was die älteren Jungen ausprobierten. Er kiffte, trank Alkohol, nahm Medikamente und Heroin. Er vertraute den älteren Jungen vollkommen, hatte selbst überhaupt keine Ahnung von der Wirkung der Drogen und ihren Gefahren. Er passte sich an und lernte viel Ungutes. Nur eines lernte er nicht: Nein zu sagen.

Sucht und Abhängigkeit betrifft Kinder und Jugendliche sowie Erwachsene gleichermaßen. Deshalb ist es schwierig, den Gesamtzusammenhang dieses Problems auszublenden und sich nur auf eine ganz bestimmte Zielgruppe auszurichten. Fast 95 Prozent der späteren Abhängigen haben zunächst mit dem Konsum legaler Drogen begonnen, oft aus Neugier oder als Genusskonsum. Meist sind die Einstiegsmittel Tabak, Alkohol und Medikamente. Erst später wird auf andere Suchtmittel umgestiegen. In der Literatur wird das Augenmerk sehr häufig besonders auf die illegalen Drogen gerichtet, bei denen eine Abgrenzung zu den legalen relativ leicht fällt. Bei dem Versuch, die uns lieb gewordenen Alltagsdrogen zu thematisieren, stößt man nicht selten auf Widerstand. Aber gerade sie sind es, die am Beginn einer Abhängigkeit stehen. Wenn wir Erwachsene uns schon damit schwer tun, wie viel schwerer haben es dann die Jugendlichen!

Gesellschaftliche Aspekte zum Thema «Sucht»

Die Ursachen süchtigen Verhaltens sind so vielschichtig, wie die Menschen und ihre Lebensbedingungen unterschiedlich sind. Auffällig ist jedoch, dass die meisten Süchtigen gleiche Faktoren in ihrer Lebensgeschichte aufweisen, die der Sucht vorangehen: zerrüttete Familienverhältnisse, Mangel an emotionaler Zuwendung, Beziehungsstörungen und Lebenskrisen. Die Suchtmittel gewähren dem sich in Not befindenden

Menschen Betäubung, Rauschwirkung und die Flucht vor der Auseinandersetzung mit sich selbst und der Realität. Je weniger man diese Fähigkeit als Kind gelernt hat, desto größer ist die Gefahr, in die Sucht zu geraten.

Die stetig wachsende Zahl von Suchtmittelabhängigen in den letzten dreißig Jahren – und zwar unabhängig von der jeweiligen Gesellschaftsform in fast allen Ländern der Erde – könnte ein sichtbares Symptom dafür sein, dass Menschen zunehmend unfähiger werden, ihr Leben zu bewältigen. Eine individuelle Erklärung zu der besonderen Lebenssituation eines einzelnen Menschen würde dann nicht ausreichen. Besonders deutlich wird dieses gesellschaftliche Symptom in Russland. Die Alkoholsucht wird auf den Straßen öffentlich ausgelebt. Jugendliche beginnen den Tag oft schon mit mehreren Bechern Wodka. Männer, Frauen und Heranwachsende mit Flasche in der Hand, im Gehen trinkend, gehören zum Alltagsbild. Die Schäden für den Einzelnen und für die Gemeinschaft sind kaum noch abzuwenden. «Wir sind ein Volk, das sich totsäuft», sagen die Russen selbst.

Unsere Welt ist gekennzeichnet von einer hoch entwickelten Technologie, vom Streben nach Höchstleistungen in allen Bereichen, nach Perfektion und nach Beherrschung und Kontrolle der Natur durch den Menschen. Gleichzeitig merken wir aber, dass Naturkatastrophen, Krankheit und Hunger eben nicht beherrschbar sind, dass es keine wirklichen Lösungen für Umweltprobleme gibt und wir wider bessere Einsichten unseren Lebensraum weiter zerstören. Vielleicht trägt dieser Widerspruch dazu bei, dass wir am liebsten vor der Realität fliehen möchten. Kriegerische und gewalttätige Auseinandersetzungen sind nicht zurückgegangen und auch das Bewußtsein einer atomaren Bedrohung von unfassbaren Ausmaßen mag kollektive Fluchtwege zum Vergessen fördern. Unser tägliches Leben wird überflutet von ungeheuren künstlichen Reizen, die immer stärker werden müssen, um anzukommen und die Botschaft vom Kaufen zu übermitteln. Dies ist fast eine Parallele zur Dosiserhöhung bei Suchtmitteln. Stille, Ruhe, Zu-sich-Kommen sind kostbare Güter geworden. Die ganze Welt – Krieg, Mord, Hunger und Tod – kommt über die Medien in unsere Wohnzimmer. Können Menschen das alles noch bewusst wahrnehmen und dennoch bewältigen, ohne die innere Spannung, Erregung oder Furcht dämpfen und betäuben zu müssen? Da tut es doch gut, sich bei einer Flasche Wein zu entspannen und die Welt Welt sein zu lassen.

Unsere Gesellschafts- und Wirtschaftsordnung ist ein Ebenbild der Suchtszenerie, denn auch sie beruht auf der Gier nach mehr, dem Aufbrauchen von natürlichen Ressourcen, dem Kreislauf ständig steigender Konsumbedürfnisse und dem Leistungs- und Konsumdruck auf jeden Einzelnen von uns.

Unser Zusammenleben auf der Erde wird gesteuert von undurchschaubaren, weltweiten Abhängigkeitsstrukturen und von riesigen anonymen Institutionen. Der einzelne Mensch hat nur noch wenige Möglichkeiten, in Abläufe einzugreifen und sein Leben selbstbestimmt zu gestalten. Immer wieder stehen wir vor der Entscheidung, wegzusehen, zu verdrängen, den Schmerz und die Furcht zu betäuben oder zu fliehen oder aber hinzusehen, standzuhalten und nach Lösungen und Verbündeten zu suchen.

Letzteres ist sehr schwer, und nur wenige Menschen können immer so leben, ohne daran zu zerbrechen. Alle haben ihre kleinen oder größeren Fluchtmöglichkeiten. Wir haben Glück, wenn wir uns bewusst gegen die «Flucht in die Sucht» entscheiden konnten und in der Lage sind, nach einem eigenen Lebenssinn zu suchen.

Einige Gedanken zur Entstehung von Sucht

Jeder Genuss, den ein Mensch sich einverleibt, entfaltet nicht nur eine körperliche Wirkung, sondern immer auch eine seelische. Kaffee macht uns wach und lebendig, bei Kakao werden wir gemütlich träge und Wein regt uns an. Die Steigerung des Konsums von Genuss- und Suchtmitteln überwältigt uns jedoch. Ungeheure Erlebnisse, phantastische Empfindungen, Leichtigkeit, Bilder und Farben werden uns aufgezwungen. Die Stoffe mit ihren Wirkungen können fast alle seelischen Zustände in uns ersetzen. Wann wir von Sucht sprechen, ist abhängig von der Menge des Konsums.

Der französische Schriftsteller Honoré de Balzac trank täglich 40 Tassen Kaffee, nicht aus Abhängigkeit, sondern aus ständiger Geldnot, die ihn zwang, bis zur Erschöpfung an seinen Romanen zu arbeiten. E. T. A. Hoffmanns unsterbliche, phantasievoll-gespenstige Werke entstanden unter dem unmäßigen Konsum von Alkohol. Franz Schubert zechte oft ganze Nächte hindurch und setzte sich dann morgens ans Klavier, um in diesem «Ausnahmezustand» seine vollendeten Werke zu komponieren. So mancher Dichter schafft große Werke im Rauschzustand, und so mancher Liebeskummer wird mit Schokolade und Süßigkeiten erträglicher.

Die gefährliche Wirkung von Stoffen schwächt sich ab, wenn sie nicht zum egoistischen Selbstzweck eingenommen werden und wenn die schöpferischen Seelenkräfte eines Menschen Herr über den Stoff bleiben. Dreht sich die Sache um und wird die Seele vom Stoff geknechtet, dann entsteht Sucht.

Je mehr Defizite die Seele eines Menschen im Laufe seiner Entwicklung erfahren musste, je mehr ihm verwehrt wurde, sein eigenes Selbst zu leben, je weniger Möglichkeiten er hatte, seine schöpferischen Kräfte zu erfahren – desto stärker wird er den Ersatzstoffen verfallen. Verfällt der Mensch dem Stoff, der ihm scheinbar das gibt, was ihm in der Entwicklung entzogen oder nicht gewährt wurde, lebt er diesen «defizitären» seelischen oder geistigen Bereich nicht mehr eigenschöpferisch aus. Die Bedürfnisse seines inneren Wesens werden nun ersatzweise durch Stoffe befriedigt – die eigenen Schöpferkräfte zur Gestaltung des Lebens versiegen.

Wichtige Begriffe kurz erklärt

- **Konsum**
  Darunter wird allgemein der Gebrauch, Verbrauch oder Verzehr von Mitteln verschiedener Art verstanden. Nach dieser Definition sind Suchtmittel zunächst einmal nur Konsumgüter. Die Bewertung geschieht in Bezug auf die Intensität des Konsums.

Genuss

Der Konsum eines Gutes wird als sehr angenehm empfunden. Der Genuss kann eine Begleiterscheinung sein, aber auch das bewusste Ziel des Konsums. Nicht nur Stoffe oder Substanzen können zum Genuss führen, sondern auch bestimmte Situationen und Umstände.

Missbrauch

Bei nicht sachgerechter Benutzung führen Konsum und Genuss zum Missbrauch. Wenn Eltern z. B. ihren unruhigen Kindern beruhigende Medikamente geben oder Tränen, Schmerzen, Unlustgefühle des Kindes permanent mit Süßigkeiten «belohnen».

Droge / Suchtmittel

Es gibt stoffgebundene und stoffungebundene Sucht. Stoffgebundene Suchtmittel wie Alkohol, Nikotin, Süßigkeiten, Medikamente oder Heroin können körperlich und/oder seelisch abhängig machen. Sie werden in den menschlichen Organismus aufgenommen und wirken dort lähmend, entspannend, anregend oder euphorisierend. Suchtmittel, die zu stoffungebundenen Störungen führen können, sind beispielsweise Nahrungsmittel (Esssucht, Bulimie), Glücksspiele (Spielsucht) oder Fernsehen (Fernsehsucht). Stoffungebundene (oder auch stoffunbezogene) Suchtmittel können bei einer Person zu einem zwanghaften, nicht mehr kontrollierbaren Verlangen führen. Dabei kann es sich um ein Erlebnis, eine Tätigkeit, einen bestimmten Menschen oder um einen Gefühlszustand handeln.

Suchthaltung

Kann ein mehr oder weniger ausgeprägtes zwanghaftes Verhalten sein, das auf eine Suchtgefährdung aufmerksam macht.

■ **Suchtvorbeugung**
Auch Suchtprävention genannt – bezeichnet alle Maßnahmen, die eine Entstehung von Suchthaltung und/oder Abhängigkeit von Mitteln verhindern, aufhalten oder rückgängig machen will. Der methodische Ansatz sieht dabei nicht nur die Behandlung der Symptome vor, sondern auch die Bearbeitung der tieferen Ursachen und der Entstehungsgeschichte der Abhängigkeit.

Stoffgebundene Störungen

An dieser Stelle wird bewusst der Begriff «stoffgebundene Störung» verwendet, denn «stoffgebundene Sucht» bezeichnet im Grunde nur den bereits abhängigen Konsum. Davor steht jedoch der «normale» Umgang mit Substanzen beziehungsweise Stoffen, und dazwischen gibt es noch den «riskanten» und den «schädlichen» Konsum. Sicherlich kann eine Abhängigkeit auch mit einem ganz normalen Konsum beginnen – muss aber nicht. So manche substanzbezogene Störung richtet sich in einem der davor liegenden Stadien ein, irgendwo auf dem Wege zwischen Freiheit und Abhängigkeit.

Was ist normal?

Fast alle Kulturen der Welt sind mit Umgang und Praktiken von Rauschmitteln und bewusstseinserweiternden Drogen vertraut. Die pflanzlichen Rauschdrogen wurden häufig in so genannten primitiven Gesellschaften entdeckt und fast immer nur in Verbindung mit magisch-religiösen Riten benutzt. Heute haben diese Riten vielfach ihre Bedeutung verloren und die Stimulanzien sind zu integrierten Bestandteilen unserer modernen Zivilisation geworden.

Der Begriff «Droge» entspricht heute längst nicht mehr dem, was früher darunter verstanden wurde, nämlich «Arzneimittel pflanzlicher oder tierischer Herkunft». «Droge» wird auf das französische Wort «drogue» (14. Jahrhundert) zurückgeführt und hieß ursprünglich «Medizin». Im heutigen Sprachgebrauch wird der Begriff für jede psychoaktive Substanz mit Abhängigkeitspotenzial verwendet. Und zwar dann, wenn der Konsum nicht mehr «normal» – also kontrolliert und selbst gesteuert –, sondern missbräuchlich ist. So ist Morphium an sich keine Droge, sondern ein Medikament, wenn es unter ärztlich begründeter Indikation verwendet wird. Es ist jedoch eine Droge, wenn die medizinische Anwendung fehlt und der Stoff abhängig konsumiert wird.

Der Begriff «Sucht» wird im Allgemeinen von dem Wort «siech» abgeleitet. Der Begriff reicht heute aber nicht mehr aus, um die unterschiedlichen Störungen von riskantem, schädlichem, mittelabhängigem bis abhängigem Konsum präzise zu benennen.

Die Weltgesundheitsorganisation (WHO) hat den Missbrauch von Drogen schon 1964 als Drogenabhängigkeit (drug dependence) benannt, die gekennzeichnet ist durch seelische und körperliche Abhängigkeit von einem Stoff, der auf das zentrale Nervensystem einwirkt und zeitweise oder fortgesetzt konsumiert wird. Dabei wird die Drogenabhängigkeit in zwei Stufen gesehen:

1. Rauschmittelgewöhnung

2. Rauschmittelsucht

Die Sucht bezeichnet den krankhaften Endzustand der Abhängigkeit von einer Droge, einem Genussmittel oder auch einer Verhaltensweise. Dabei ist nicht die Menge wesentlich – und auch nicht die Art und Weise des Gebrauchs –, sondern die Tatsache, dass der Stoff zur dauernden Problembewältigung eingesetzt wird. Also kann auch riskanter oder schädlicher Konsum von Stoffen als Sucht bezeichnet werden, wenn der Stoff nicht zum Genuss konsumiert wird, sondern um einem Konflikt aus dem Weg zu gehen.

Schon immer wurden Stoffe mit Suchtpotenzial benutzt, um Schmerzen, körperliches Unbehagen, Sorgen oder Ängste zu beseitigen oder um besondere bewusstseinserweiternde Erlebnisse hervorzurufen. In der Geschichte des Drogenkonsums waren Kinder und Jugendliche allerdings nur selten betroffen. Das hat sich heute geändert. In erschreckend zunehmendem Maße greifen junge Menschen im schulpflichtigen Alter zu Drogen. In den meisten Familien wird der Konsum von legalen Stoffen wie Nikotin, Alkohol oder Medikamenten sehr liberal gehandhabt. Der Verbrauch steigt weiter an, und die Hemmschwelle für den Konsum von illegalen Drogen wie Heroin oder Kokain wird dadurch herabgesetzt. Im Laufe der Zeit nehmen die Drogen einen immer größeren Stellenwert im Leben eines Konsumenten ein. Aus dem Genuss wird Gewöhnung, es entsteht ein gesteigertes Verlangen, der Zwang, die Dosis ständig zu erhöhen, und schließlich die Abhängigkeit beziehungsweise die Sucht.

Ein Stück Schokolade, ein Eis, eine Zigarette oder ein Glas Wein zu genießen, ohne in einer schwierigen, problematischen Situation zwanghaft darauf zurückgreifen zu müssen, um sich zu trösten oder zu entspannen, kann als normales Verhalten bezeichnet werden. Der Konsum des Genussmittels geschieht um des Genusses selbst willen, um einen feierlichen Akt zu begehen oder als lieb gewonnenes Ritual, das zu einer bestimmten Tageszeit gehört.

Als 7-Jährige lebte ich für einige Wochen in einer holländischen Familie. Nach dem Abendessen, in der Badewanne war die Stunde der «snoepjes» (Süßigkeit, Bonbon). Tagsüber gab es kaum Süßes, deshalb wurde dieser Abschluss des Tages immer mit Freude begrüßt.

Auch das Gläschen Wein am Abend zählt durchaus noch zum normalen Genussmittelkonsum. Der 100-jährigen englischen Queen Mum wird nachgesagt, dass sie seit 80 Jahren täglich ein Glas Gin trinke. Die Mutter meiner Freundin Sally hatte jahrelang das gleiche Ritual: Zu den Abendnachrichten machte sie es sich auf dem Sofa gemütlich und verzehrte langsam und voller Genuss einen Schokoladenriegel einer ganz bestimmten Sorte. Dieser so genannte normale Konsum von Genussmitteln ist natürlich eine sehr wackelige Angelegenheit. Die Lebensgeschichte eines jeden Menschen ist voller schwieriger Phasen, kritischer Situationen, geprägt durch Verlust, Versagen, Schmerz und Trauer. In solchen Zeiten kann es sehr wohl dazu kommen, dass der normale Konsum eines Mittels abrutscht in den riskanten oder sogar schädlichen Bereich. Vor allem dann, wenn wir erleben, dass die Substanz vordergründig gut tut und den Schmerz zunächst einmal vertreibt.

Nicht jeder Konsum von psychoaktiven Stoffen ist automatisch mit Problemen gekoppelt. Wohl aber müssen wir von einer Abhängigkeit sprechen, wenn die Konsumenten selber ihren Konsum nicht als normal ansehen, sondern als Problem. Wenn z. B. Raucher, nachdem sie jemandem eine Zigarette angeboten haben, die abgelehnt wurde, antworten: «Seien Sie froh, dass Sie nicht rauchen (müssen)!»

Ein Problem ist der Suchtmittelkonsum aber auch, wenn andere Menschen darunter leiden, wie z. B. die Familienangehörigen eines Alkoholkranken oder die Angehörigen eines gewalttätigen Fixers.

Der Konsum von Drogen kann nicht isoliert vom Konsum anderer Güter betrachtet werden. Noch immer werden Menschen, die am Stammtisch oder auf der Baustelle Alkoholfreies trinken, bespöttelt. Wer kilometerweit durch den Wald läuft, statt das Auto zu nehmen, ist manchen anderen Zeitgenossen suspekt. Wer lieber mit dem Rucksack in den Urlaub fährt, statt in einem komfortablen Hotel zu wohnen, ist ein Spinner. Wenn «alles vom Feinsten» war, dann war es gut.

In unserer Gesellschaft wird Konsum fälschlicherweise mit Zufriedenheit gleichgesetzt. Da brauchen wir uns nicht zu wundern, wenn das beim Konsum von Alkohol, Tabak oder Heroin nicht viel anders ist. Die Angewohnheit, Alkohol oder Tabak auch deswegen zu konsumieren, weil sie als ungesund verschrien sind, offenbart deutlich das verbreitete Klischee, alles Gesunde schmecke nicht. Den Satz «Das ist mir zu gesund!» kann man öfter hören.

Wenn wir riskanten, abhängigen Konsum von Suchtmitteln und die daraus resultierenden Probleme, gleich welcher Art, verhindern wollen, dann geht das gewiss nicht mit Abstinenzforderungen oder Warnungen, sondern mit dem Anbieten von Genüssen anderer Art (Natur, Kunst, Sport, Musik) und dem Vorleben eines erfüllten Lebens mit möglichst wenig Süchten.

Die Suchtkarriereleiter: riskanter – schädlicher – abhängiger Konsum

Zu wissen, auf welcher Stufe der Suchtkarriereleiter sich ein Abhängiger befindet, kann eine große Hilfe im Umgang mit dem Menschen sein. Eine stoffgebundene Störung verläuft in drei Stadien, wenn wir den Erstkonsum beziehungsweise den «normalen Konsum» nicht mitrechnen. Dabei sind die beiden letzten Stadien die entscheidenden. Der Schritt von schädlichem hin zu abhängigem Konsum ist nur ein sehr kleiner und wird oftmals in kürzester Zeit vollzogen. Da der Konsum von legalen Drogen, wie z. B. Alkohol, toleriert wird, übersehen wir, dass viele der nach unseren gesellschaftlichen Maßstäben «normal» trinkenden Menschen mit Alkohol so vertraut sind, dass wir eigentlich schon von einem Stadium des schädlichen Konsums sprechen müssten. Auch wenn diese Konsumenten den Umgang mit dem psychoaktiven Stoff weitgehend kontrollieren können, würde ihnen die Zuordnung zu dieser Gruppe sicher nicht sehr gefallen.

Viele der missbräuchlich konsumierten Suchtmittel waren ursprünglich Genussmittel und daher als solche, ohne gesellschaftliche Sanktionen, ohne weiteres zu konsumieren. In der Phase des abhängigen Konsums kann von Genuss jedoch keine Rede mehr sein. Die Aussage eines Alkoholkranken: «Ich hatte heute einen so schönen Tag, ich musste überhaupt nichts trinken», spricht Bände. Abhängigkeit ist das Gegenteil von Genießenkönnen. Der abhängige Konsument sucht nur noch die Linderung seiner psychischen Nöte und seiner körperlichen Entzugserscheinungen.

In allen Phasen lassen sich psychoaktive Stoffe missbrauchen, wenn wir damit unser emotionales Befinden verändern wollen. Selbst wenn wir ein Rauschmittel zum ersten Mal benutzen, kann es missbräuchlich sein, weil wir es nehmen, «um besser drauf zu sein».

Der riskante Konsum ist der wiederholte Gebrauch eines psychoaktiven Stoffes, der in den meisten Fällen zum nächsten Stadium, dem schädlichen Konsum, führt. In dieser Phase haben wir uns an den Stoff bereits gewöhnt – seelisch und/oder körperlich. Der Schritt zum abhängigen Konsum ist nur ein sehr kleiner. Wir gebrauchen den Stoff jetzt völlig unkontrolliert – er hat uns vollkommen im Griff und bestimmt unser Leben.

Wer nicht in der Lage ist, mit potenziellen Suchtmitteln selbstbestimmt und kontrolliert umzugehen, hat keine andere Wahl, als auf ihren Konsum dauerhaft zu verzichten.

Missbräuchlicher, abhängiger Konsum führt zwangsläufig zur Selbstzerstörung, im körperlichen wie im psychischen Sinn. Suchtmittelkonsumenten verlieren schleichend die Kontrolle über ihr Konsumverhalten. Wenn sie den Gebrauch der Drogen nicht mehr im Griff haben, werden sie von den Wirkungen der psychoaktiven Stoffe gesteuert. Viele Abhängige beschreiben ihr Suchtverhalten als etwas Fremdes, das «irgendwie» von ihnen Besitz ergriffen hat. Oftmals wird das Suchtverhalten gar nicht in den Zusammenhang von Empfindungen oder Beziehungen eingeordnet, sondern steht als etwas Separates im Raum. Drogenkonsumenten nehmen die zunehmende Fremdbestimmung häufig als etwas sehr Bedrohliches wahr. Es ist ihnen bewusst, dass sie immer tiefer in einen schwarzen Tunnel hineinlaufen und ihr Verhalten nicht mehr selbst bestimmen. Es ist eine gute Prognose für eine Behandlung, wenn der Abhängige den Wunsch verspürt, endlich wieder selbst über sich und seine Gefühle bestimmen zu wollen.

In der fortgeschrittenen Abhängigkeit liefern sich Drogenkonsumenten völlig willenlos der chemischen Steuerung ihrer Gefühle aus. Viele entwickeln das Gefühl, sich selbst fremd zu werden und den Kontakt zu den Dingen des Lebens und zu anderen Menschen zu verlieren. Besonders verheerend kann es für Konsumenten von Stoffen werden, die psychotische Zustände auslösen. Diese Menschen irren wie in Geisterwelten umher, aus denen es scheinbar keinen Weg mehr zurück gibt. Selbst wenn die Stoffe abgesetzt werden, können die Betroffenen in ihrem Niemandsland hängen bleiben. Sie verlieren dann nicht nur die Kontrolle über eigenes, wirksames Handeln, sondern zusätzlich lösen sich auch noch die Grenzen ihres Selbst vollständig auf. Das Gefühl für das eigene Dasein in der Zeit zerfällt und das Selbst wirkt wie eine leere Hülse. Die «Hängengebliebenen» landen in der Regel in der Psychiatrie. Vergangenheit und Zukunft spielen für sie keine Rolle mehr, und ihre Gegenwart spielt sich irgendwo – in einer anderen Welt – ab. Diese Gegenwart können sie mit keinem anderen Menschen teilen.

Werden die psychoaktiven Eingriffe der Stoffe in das Selbst rechtzeitig wahrgenommen, motiviert das so manchen Drogenkonsumenten dazu, sein Leben wieder in die Hand zu nehmen und zu steuern. Das ist der erste Schritt heraus aus dem Vorzimmer zur Hölle.

Q U I T T U N G
Buchhandlung
Karl Pfankuch GmbH
Kleine Burg 10 (Burgpassage)
38100 Braunschweig
Tel. 0531 / 45303

11.10.03/0255 15:47 Kasse: 01 EUR

Artikel	Mg.	Preis	MwSt.	Summe
WGR 1080 Sonderangebote 7%				
	1	2,50	7,00%	2,50

TOTAL 0,16 2,50
Nettoentgelt: EUR 2,34
GEGEBEN Bar 2,50

USt.-Nr. 23/14 202 20508

www.pfankuch.de
Vielen Dank!

drittes Kapitel | Hallo, Eltern, aufgepasst!

Jede erkennbare Abhängigkeit (Sucht) sollte als eine Krise verstanden werden, die bearbeitet werden kann. Dabei wird von allen Beteiligten eine eindeutige Strategie ihres Verhaltens sowie unter Umständen eine Umorientierung verlangt. Dies entlastet die Beteiligten, denn Abhängigkeit ist, so betrachtet, kein festgeschriebener Zustand, an dem man nicht mehr rütteln kann, sondern ein dynamischer Prozess.

Das eigentliche Suchtverhalten wird heute als Symptom angesehen. Dahinter steckt die wirkliche Problematik. Die Bearbeitung dieser tiefer liegenden Ursachen ist der Kernpunkt der Arbeit mit Abhängigen und der Suchtvorbeugung.

Jede Droge, jedes Suchtmittel und jedes extreme Verhalten führen zu einer ganz spezifischen Stimmungslage. Aber nicht allein die Droge steht am Anfang einer Abhängigkeit, sondern die individuelle Einstellung (Suchthaltung), mit einem bestimmten Mittel einen ganz bestimmten Zustand immer wieder zu erreichen, um schließlich das gesamte Leben nur noch auf diesen Zustand auszurichten. Das kann ein Glücksgefühl sein, die Betäubung von Ängsten, Spannungen, Grenzerfahrungen, «cool» sein etc.

Defizite in der Familienstruktur können das Risiko erhöhen, dass Kinder und Jugendliche abhängig werden, weil sie sich störend auf die Persönlichkeitsentwicklung auswirken. Solche Defizite können entstehen, wenn der Familienzusammenhalt sehr diffus ist oder gar nicht vorhanden. Das andere Extrem wäre die starr überorganisierte Familie. Störend auf die kindliche Entwicklung wirkt es auch, wenn das Kind als Ersatz für einen Elternteil herhalten muss, weil der erwachsene Partner nicht vorhanden ist, den Rest der Familie verlassen hat oder einfach kaum in Erscheinung tritt.

In diesen Fällen muss die Familienstruktur neu organisiert werden. Vernünftige Grenzen werden gesetzt oder die Freiräume für das Kind gelockert. Hat ein erwachsener Partner die Familie verlassen, dann hilft nur ehrliche Trauerarbeit und die Suche nach neuen erfüllenden Menschen und Aufgaben.

Warum nehmen Jugendliche Drogen?

Viele Jugendliche beginnen mit dem Drogenkonsum in einem Alter, in dem sie schwierige Entwicklungsaufgaben zu bewältigen haben, wie z. B.:

- die konstruktive Lösung von ihrem Elternhaus
- die Entwicklung einer eigenen Identität
- das Akzeptiertwerden unter Gleichaltrigen
- der Aufbau befriedigender Beziehungen zum anderen Geschlecht
- die Entwicklung einer beruflichen Perspektive
- die Sicherung eines eigenen Wertesystems

Der anfängliche Drogenkonsum kann eine Reaktion auf diese Probleme sein und sorgt dann in der Folgezeit dafür, dass die Probleme weiter umgangen statt angegangen werden. Der Weg in die Drogenabhängigkeit ist unterschiedlich. Kein Heranwachsender wird von heute auf morgen abhängig, aber je früher mit dem Konsum von Suchtmitteln begonnen wird, desto höher steigt das Risiko, dass der Jugendliche abhängig wird. Eine einzige bestimmte Ursache, zu Suchtmitteln zu greifen, gibt es nicht. Die Auslöser sind vielfältig und Wissenschaftler nennen hauptsächlich folgende Gründe:

- Störungen der familialen Beziehungen
- materielle Verwöhnung
- Über- oder Unterforderung im Leistungsbereich
- mangelnde Fähigkeit, persönliche Probleme und Konflikte zu bewältigen
- Vereinsamung trotz immer größerer Kommunikationsangebote

- Verlust an Überschaubarkeit der Lebensbedingungen
- Desorientierung durch die Vielfalt an Wertevorstellungen und Weltanschauungen
- Angst vor Umweltzerstörungen, verbunden mit dem Gefühl der eigenen Hilflosigkeit
- leichtfertiger Umgang mit Nikotin, Alkohol und Medikamenten (mangelnde Informationen), auch im Erleben bei Erwachsenen
- Neugier
- Verführung zum ungehemmten Konsumverhalten
- Höherbewertung von Konsumgütern und Materiellem als Ideellem

Wie schon an anderer Stelle gesagt: Drogenkonsum wird von Kindern und Jugendlichen auch frühzeitig als Verhaltensmodell von den Erwachsenen übernommen. Kinder und Jugendliche von Eltern, die selbst riskant, schädlich bis abhängig Suchtmittel konsumieren, sind als besondere Risikogruppe anzusehen.

Besonders sensible Lebensphasen

Phasen, in denen Kinder und Jugendliche ganz besonders anfällig dafür sind, in ein Suchtverhalten hineinzugeraten, sind meist entwicklungsgeschichtlich bedingte Übergänge oder Umbrüche. Eine neue Lebensphase, in der das Alte plötzlich nicht mehr gilt, die Stabilität im Leben dadurch beeinträchtigt wird und der Mensch vor einer völlig neuen Situation steht. Irgendwann erscheint dem Kind sein eigener Körper fremd, es hat Gefühle, die es verwirren und durcheinander bringen. Es versteht sich und die Welt nicht mehr.

Ein Kind hat im Laufe seiner Entwicklung viele Aufgaben zu erfüllen. Es gibt Zeiten, die besonders schwierig und gefahrvoll sind: Entscheidende Entwicklungsphasen beginnen, wenn ein Kind in die Schule oder in die Pubertät kommt oder mit einer Ausbildung beginnt. Eltern können einen großen Teil dazu beitragen, dass ihr Kind seine Entwicklungsaufgaben bewältigt. Wichtig ist, dass es lernt, vor schwierigen Aufgaben nicht einfach zu flüchten, sondern stattdessen stark genug ist, bei Drogen Nein zu sagen.

Sucht beginnt im Kinderzimmer (0 – 3 Jahre)

Wenn ein Kind geboren wird und es die Chance auf eine gesunde Entwicklung haben soll, müssen spezifische Bedürfnisse von seiner Umgebung befriedigt werden. Dazu gehören Nahrung, Körperpflege, Ansprache, liebevolle Zuwendung, Aufmerksamkeit, Körperkontakt, Bewegung, optische und akustische Anreize, Schutz vor Reizüberflutung, genügend Schlaf und Geborgenheit. Werden diese Bedürfnisse nicht oder gestört befriedigt, können sich Fehlentwicklungen manifestieren, die später zum Suchtverhalten führen. Das zentrale Thema der Entwicklung in diesem Zeitraum ist der Aufbau von Urvertrauen statt Misstrauen, von schrittweiser Selbständigkeit gegenüber Selbstzweifel und von der Fähigkeit, selbst Initiative zu ergreifen oder abwartend zu bleiben, bis andere das tun, was man sich wünscht.

Ein besonderer Balanceakt für Eltern in dieser Zeit ist es, ein Gleichgewicht zwischen Bedürfnisbefriedigung und Frustrationstoleranz zu finden. Wurden früher die Kinder streng nach Zeitplan versorgt, wurde von ihnen erwartet, dass sie es aushielten, wenn ein Wunsch nicht sofort erfüllt wurde, so geht es heute in den meisten Familien sehr locker zu. Wenn das Kind sich meldet, bekommt es umgehend Nahrung. Frustrationen werden möglichst von ihm fern gehalten, das Teefläschchen ist immer dabei, wenn Baby mit zum Einkaufen darf. Der Spagat zwischen der Fähigkeit, ein Bedürfnis aufzuschieben, und der Sicherheit, nicht übermäßig frustriert zu werden, muss aber gelernt werden. Ein Kind, das von Anfang an gelernt hat, dass jedes Unlustgefühl umgehend mit Saft, Tee, Nahrung oder Schnuller vertrieben wird, wird es sehr schwer haben, Einschränkungen, Wartenmüssen oder Versagungen zu ertragen. Eine Kindheit ohne diese Erfahrungen gibt es aber nicht.

Braucht das Kind am Anfang die uneingeschränkte Gewissheit, dass es geliebt wird und seine Bedürfnisse nicht missachtet werden, so muss es, seiner Entwicklung gemäß, nach und nach auch lernen, für sich selber zu sorgen, selbstverantwortlich zu werden und die Aufgaben zur Befriedigung seiner Lebensbedürfnisse allmählich selbst zu übernehmen. Nur so kann ein Kind Selbstwertgefühl und Selbstbewusstsein entwickeln – zwei Eigenschaften, ohne die ein Kind extrem suchtgefährdet ist.

Während dieser Lebenszeit ist zudem das Erlernen der Unterschiede zwischen Ich und Nicht-Ich zwischen Innen und Außen wichtig. Zuallererst entdeckt das Kind, mit und ohne Hilfe der Eltern, seinen eigenen Körper und was man alles damit machen kann. Von diesem Punkt aus weitet sich sein Forscherdrang immer mehr in die äußere Realität aus. Das Kind tritt in Beziehung zu seiner Umwelt, lernt Schritt für Schritt eine eigene, stabile Ich-Struktur zu entwickeln, aber auch, dass es einen verbindlichen, gemeinsamen Nenner mit den Menschen der Außenwelt gibt, wenn man am sozialen Leben teilhaben will. Die Gemeinsamkeit mit anderen kann durchaus ihre kleinen Opfer und Kompromisse fordern.

Der Wechsel des Erlebens von Innenwelt und Außenwelt, von eigenen Bedürfnissen und dem Austausch mit anderen bei der Bedürfnisbefriedigung wird besonders bei der Ernährung deutlich. Die Nahrungsaufnahme spielt bis zum Alter von 3 Jahren eine wesentliche Rolle. Außer der Nahrung werden auch Gegenstände mit dem Mund erforscht. Störungen in dieser Lebensphase können zu Fixierungen auf orale Bedürfnisse führen.

Was kann in der Frühkindheit alles schief gehen?

Die erste kritische Phase liegt zwischen dem 2. und 3. Lebensmonat. In diesem Zeitraum erfolgt der Übergang vom passiven zum aktiven Reizschutz. Der Säugling muss sich nun selbst aktiv gegen eine Reizüberflutung zur Wehr setzen. Die nächste kritische Phase setzt in der Zeit ein, in der die Symbiose mit der Mutter besonders intensiv erlebt wird. Dies ist die Phase der Trennungsangst mit dem so genannten Fremdeln – zwischen dem 6. und 8. Monat. Kritisch wird es auch mit etwa 18 Monaten, in der Wiederannäherungskrise. Das Kind kann dann meist schon laufen. Voller Freude und Forscherdrang entdeckt es immer wieder Neues in seiner Umgebung. Aber genauso gut kann es passieren, dass es sich plötzlich wieder öfter an seiner Mutter festhält, sich hinter sie stellt und ängstlich hinter ihren Beinen hervorlugt.

Die bis hier notwendigen Versorgungsaufgaben von Eltern sind hoch komplex und äußerst schwierig zu bewältigen, wenn man sich zum Ziel setzt, Traumatisierungen möglichst zu vermeiden. Die elterliche Versorgung des Kindes und der nötige kindliche Lernprozess scheinen manchmal im Gegensatz zu stehen. Es ist ein Prozess im ständigen Kampf um Widerstände und Nachgeben. Wie gut, dass Kinder und Eltern doch normalerweise ein hohes Maß an Toleranz füreinander aufbringen.

Die Faktoren, die eine Störung in diesen kritischen Phasen begünstigen und damit die Anfälligkeit für Suchtverhalten erhöhen, sind vielfältiger Art. So kann es sein, dass ein Kind sich seine Bedürfnisbefriedigung vermehrt aus der eigenen Körperlichkeit holt, weil es unfähig ist, sich genügend Befriedigung aus seiner äußeren Welt zu verschaffen. Es gibt aber auch Kinderpersönlichkeiten, die von Anfang an überempfindlich auf die unausbleiblichen Frustrationen reagieren, die ihnen von ihrer Umwelt zugemutet werden. Diese Annahme, dass es angeborene Faktoren gibt, scheint wissenschaftlich unbestritten zu sein. Andererseits ist aber genauso unbestritten, dass es vielen Eltern eben nicht gelingt, eine stabile Beziehung zu ihrem Kind herzustellen. Das geschieht besonders häufig dort, wo die Eltern selbst nicht durch äußere stabile Lebensbedingungen unterstützt werden. Es gibt auch Fälle, bei denen beide Faktoren eine Rolle spielen. Ist die Mutter selbst narzisstisch gestört oder süchtig, so wird es für das neugeborene Kind besonders schlimm. Diese Mütter halten es meist nicht aus, wenn sie selbst in spannungsgeladenen Situationen von ihrem Kind gebraucht werden, z. B. wenn das Baby einen Schreianfall bekommt oder mit Fieber, Erbrechen und Durchfall reagiert. Sie sind jedoch durchaus bereit, ihr Kind zu versorgen, wenn es keine Mühe macht, sondern ihnen – den Müttern – ein Gefühl von Liebe und Geborgenheit vermittelt. Dieser Mechanismus gilt genauso für Väter: Generell spielt er zwischen dem Kind und der hauptsächlichen Bezugsperson während der Zeit bis zu 3 Jahren eine wichtige Rolle.

Süchtige Mütter befinden sich manchmal in einer Zwickmühle. Sie haben Angst, dass ihnen die Liebe und das Gefühl von Wärme vonseiten des Kindes versagt werden, auf der anderen Seite wird ihnen bewusst, dass sie auf unabsehbare Zeit ungeheuren Entsagungen ausgesetzt sein werden und das Kind nicht mehr loswerden. Manchmal vernachlässigen sie ihre

Kinder, um sich von diesem erdrückenden Gefühl zu befreien. Narzisstisch gestörte Mütter können dagegen ihre aggressiven Spannungen durchaus auch gegen ihre Kinder richten.

Narzisstisch gestörte und süchtige Menschen ziehen sich in Abständen in sich selbst zurück, um dieses Gefühl von innerer Leere und Unlebendigsein loszuwerden. Verlangen Kinder in diesen Phasen Aufmerksamkeit von den Eltern, so warten sie vergeblich darauf. Das erzeugt sehr schwer erträgliche Angst und Spannung bei den Kindern. Das Verhalten dieser Eltern gegenüber ihren Kindern erfolgt nicht bewusst. Meist lieben sie sie zugleich über alle Maßen und ohne irgendwelche Vorbehalte. Sie haben nur Schwierigkeiten, auf die Signale der Kinder angemessen zu reagieren. Die Aussicht auf eine völlig gestörte Nacht wirkt für sie bedrohlich, weil sie selbst in der Leere der äußerlichen Welt «festgehalten» werden und den Rückzug zu sich selbst nicht antreten können. Um dem vorzubeugen, werden manche Kinder überfüttert. Auf diese Weise fehlt ihnen die Erfahrung, ein Bedürfnis nur dann zu stillen, wenn es tatsächlich gespürt werden kann, z. B. den Hunger. Diesem Nebeneinander der Bedürfnisse des Säuglings und der Bereitschaft der Eltern zur Befriedigung ebendieser Bedürfnisse fehlt der Austausch. Es handelt sich im Grunde um eine unablässige Folge von Missverständnissen innerhalb einer sonst lebendigen Beziehung.

Du musst mir nicht immer alles sagen! (7–8 Jahre)

Im Grundschulalter wird die Erfahrung des Kleinstkindalters überformt. Die Entwicklung der kognitiven Fähigkeiten steht nun im Vordergrund sowie der Wissenserwerb, das Erlernen von Fertigkeiten für den Alltag und das Erlernen von Kulturtechniken. Das Kind beginnt ein Konzept von sich selbst zu entwickeln. Es definiert sich durch das, was es weiß und was es kann.

Der eigene Status wird nun zunehmend mit dem gleichgeschlechtlicher Freunde und wichtiger Bezugspersonen verglichen. Nach der Einschulung wird es notwendig, eigene Einstellungen gegenüber anderen sozialen Gruppen zu entwickeln. Dieser Prozess entwickelt sich in dieser

Altersstufe sehr langsam. Ganz allmählich wird die «Wahrheit» (weil Papa es sagt) eine Wahrheit, weil die Lehrerin es sagt, bis sie später dann zur Wahrheit wird, weil die Freundinnen oder Freunde in der Gruppe es sagen.

Im Alter von 7 bis 8 Jahren beginnt das Kind immer genauer zu beobachten und auch Einzelheiten wahrzunehmen. Durch die Einschulung und damit Erweiterung seines Lebensraumes erfährt es aber auch, dass die Macht und die Intelligenz der Eltern begrenzt ist und sie überhaupt nicht alles wissen. Vieles haben Kinder bisher angenommen, weil sie an die Allmacht der Eltern glaubten und hofften, später ebenso allmächtig zu werden. In der Beziehung zu den Eltern entsteht nun erstmals eine Distanz. Manche Kinder beginnen plötzlich, sich ihrer Eltern zu schämen, und empfinden zwiespältige Gefühle für sie. Auf der einen Seite wollen sie von den Eltern weiterhin geliebt werden, auf der anderen Seite lehnen sie sie aber ab. In dieser Phase wird die elterliche Autorität häufig auf den Lehrer bzw. die Lehrerin oder auf ältere Kinder übertragen. Das Unabhängigkeitsbedürfnis ist in diesem Alter bereits sehr hoch, das Kind möchte weder bevormundet noch gegängelt werden.

Um das 8. Lebensjahr herum beruhigt und entspannt sich die kindliche Seele meist wieder. Viele Kinder entwickeln schöpferische Fähigkeiten und können mit viel Geduld und großem Geschick stundenlang herumbasteln. Das Kind wird selbstsicherer und sein Erfahrungshorizont erweitert sich. Es liebt aber auch Geheimnisse. Erlebnisse, Gedanken oder Erfahrungen behält es für sich. Die Meinungen anderer Kinder und anderer Erwachsener gewinnen an Bedeutung. Oft sind sie dem Kind wichtiger als die der Eltern, was eine schmerzliche Erfahrung für Eltern sein kann, wenn sie nicht darauf vorbereitet sind. Zärtlichkeiten gegenüber den Eltern werden geringer, nehmen jedoch gegenüber den Freunden zu.

In der Regel haben die Eltern bis zum 14. Lebensjahr noch einen gewissen Einfluss auf ihr Kind. Wärme, Zuwendung, Sicherheit und Aufmerksamkeit helfen, die Beziehung zwischen Eltern und Kind lebendig zu erhalten. Kinder müssen auch in diesem Alter die konsequente Haltung ihrer Eltern spüren können. Schwierigkeiten werden nicht einfach von den Eltern abgenommen, sondern die Kinder müssen, Schritt für Schritt und unterstützt von den Eltern, lernen, die Verantwortung für sich selbst und die eigenen Angelegenheiten allein zu tragen. Die Eltern sollten das Kind dazu ermuntern und jedes positive Verhalten fördern. Allerdings niemals in Form von Geldgeschenken. Die Bereitschaft der Eltern, offen und im Gespräch zu bleiben, ist eine ungeheuer große Förderung und Stärkung der kindlichen Persönlichkeit.

Ich bin doch kein Kind mehr! Mit Pubertierenden leben (12–16 Jahre)

Das Jugendalter zeichnet sich durch die Spannung zwischen Identitätssuche und Identitätsverwirrung aus. Die große Lebensfrage lautet: «Wer bin ich?» Zur Aufgabe, ein Selbstkonzept zu entwickeln, kommt die Annahme des eigenen Körpers und das Erlernen der Geschlechtsrolle.

In diesem Lebensalter spielen eventuelle Störungen und narzisstische Defizite in der frühkindlichen Zeit erneut eine große Rolle. Dabei steht nicht die sexuelle Reifung im Mittelpunkt dieses Lebensüberganges, sondern die Loslösung von den Eltern. In diese Phase fällt oft das erste Verliebtsein, für manche sogar der Beginn einer Lehre, also der erste Versuch, unabhängig von den Eltern das Leben zu meistern. Dieser Loslösungsversuch wird häufig äußerst problematisch für den Jugendlichen, weil viele Elternpaare sich in dieser Zeit scheiden lassen, das heißt, die Familie als solche löst sich ebenfalls auf und nimmt dem jungen Menschen die Sicherheit und Geborgenheit im Hintergrund, vor dem es sich viel leichter selbständig werden ließe. Viele Eltern sagen bei ihrer Trennung, dass es für das Kind ja nicht so schlimm sei, denn schließlich sei es schon 13 Jahre alt und ganz vernünftig. Sie halten ihre Erziehungsaufgabe für erledigt, sind vielleicht selbst in den letzten Jahren «nur wegen der Kinder» zusammengeblieben und wollen jetzt endlich ihr eigenes Leben wieder aufnehmen. Diese Haltung ist durchaus verständlich, kann aber bei Kindern mit einer frühkindlichen narzisstischen Störung ein weiterer Faktor sein, um in die Sucht zu geraten. Nach außen hin wirken auch suchtgefährdete Jugendliche recht «vernünftig». In der Regel haben sie das Verhaltensspektrum, das für ein selbständiges Leben notwendig ist, recht gut gelernt. Wie viel Angst sie jedoch vor der Selbständigkeit haben und wie sehr sie damit überfordert sind, wenn es kein schützendes Elternhaus im Hintergrund mehr gibt, ist weder ihnen noch ihrer Umwelt bewusst. Es scheint für Eltern und Umwelt sehr schwierig zu sein, die Defizite in der frühen Entwicklung der Jugendlichen zu erkennen und zu verstehen. Die Bedürftigkeit der Jugendlichen, die ja tatsächlich noch vorhanden ist, passt weder zu dem Selbstbild der Jugendlichen – cool sein, selbständig sein, die Alten braucht man nicht, gut drauf sein – noch zu ihren realen sozialen Lebensumständen. Die Eltern sind geschieden, die meisten Kinder wachsen bei der Mutter auf. Diese ist berufstätig, hat nicht sehr viel Zeit, den Vater sehen die Kinder nur sporadisch. Die Eltern wissen meist kaum, was in den Köpfen ihrer Kinder vorgeht. Drogen und Genussmittel bieten sich da geradezu an, diesen schwierigen Umgang zu «erleichtern» und nicht nur Widerstände zu erleben, sondern auch Genuss und Befriedigung.

Aber selbst für Jugendliche, die keine frühkindlichen Defizite aufweisen, ist diese Phase des Heranwachsens äußerst empfindsam und beinhaltet viel Konfliktstoff. Die Jugendlichen sind nicht mehr Kind und noch nicht erwachsen. Auf jeden Fall sehen sie sich selbst nicht mehr als Kind. Konnten Eltern die Entwicklungsfortschritte ihrer Kinder in der frühen Kindheit noch voller Begeisterung loben: «Unser Markus kann schon richtige Sätze sprechen», so werden die Loslösungstendenzen der Jugendlichen mit Kummer, Wut und Verzweiflung kommentiert. Es ist natürlich manchmal sehr schwer für Eltern, mürrische, egozentrische, rebellische, nicht selten auch unverschämte Jugendliche zu ertragen und zu respektieren. Eltern sollten dieses Verhalten auch nicht mögen oder widerspruchslos tolerieren, aber es lässt sich leichter damit umgehen, wenn man es als Teil einer normalen Entwicklung betrachtet.

In dieser Lebensphase setzen einschneidende Veränderungen ein. Da sind zunächst die Veränderungen am Körper, die einhergehen mit hormonellen Veränderungen. Bisher «pflegeleichte» Kinder können plötzlich aggressiv oder launisch werden. Die Eltern haben Schwierigkeiten, mit diesem ungewohnten Verhalten ihrer Kinder umzugehen. Sie fühlen sich zurückgewiesen und können den Wunsch des Kindes, sich von ihnen abzulösen, nur schwer akzeptieren. Jugendliche im Alter von 12 bis 16 Jahren identifizieren sich mit ihren Freunden, nicht aber mit ihren Eltern. Sie dokumentieren diese Zugehörigkeit durch das Tragen der «richtigen» Kleidung, durch einen entsprechenden Haarschnitt und durch das Hören bestimmter Musik. Diese Phase ist konfliktbeladen, Eltern sind durch dieses Verhalten oft irritiert. Sie erkennen nicht die Notwendigkeit dieser Phase auf dem Wege zur Selbständigkeit, sondern werfen ihren Kindern manchmal Konformismus vor: «Musst du denn immer alles tun, was die anderen machen?» Viele klagen über die überzogenen finanziellen Ansprüche der Jugendlichen, denn die «richtige» Kleidung ist oft sehr teuer. Kennzeichnend für diese Altersphase ist aber auch die große Experimentierfreudigkeit, die letztendlich der Findung des eigenen Selbstverständnisses dient. Neue Erfahrungen werden gesammelt. Dabei werden Grenzen ausprobiert und das eine oder andere Risiko eingegangen. Zigaretten, Alkohol und weiche Drogen werden ausprobiert. So mancher Jugendliche bleibt in dieser Zeit in der Suchtspirale hängen.

Der erste Kontakt mit substanzbezogenen Stoffen wie Alkohol, Nikotin oder Haschisch findet meist in Jugendcliquen statt. Jugendcliquen bieten den einzelnen Mitgliedern durchaus Hilfestellung an, um Krisen oder frühkindliche narzisstische Störungen zu überwinden. Jugendcliquen bieten Geborgenheit und Nestwärme. Sie kommen dem Wunsch ihrer Mitglieder nach, sich vom Elternhaus zu lösen, aber gleichzeitig auch ihrer Bedürftigkeit nach kindlicher Geborgenheit und Sicherheit. Jugendcliquen sind ein Kompromiss auf dem Übergang zum Erwachsenensein und beinhalten nicht nur Gefahren in Bezug auf das Ausprobieren von Suchtmitteln, sondern ermöglichen auch Reifungschancen. Es gibt allerdings auch Gruppen, die durch ihr Auftreten und Verhalten schon ein besonders hohes Maß an Suchtpotenzial verraten. Dies äußert sich darin, dass sie ein Leben unter größtmöglicher Ausschaltung von Spannungen und mit größtmöglichem Lustgewinn anstreben. Enge freundschaftliche Beziehungen werden vermieden, dagegen wird eine laute, demonstrative Gruppengeselligkeit zur Schau gestellt. Dies ist auch ein Zeichen dafür, dass sich die primären Bindungen zu den elterlichen Bezugspersonen eben nicht gelöst haben, sondern nur verlagert wurden. Werden frühkindliche Bedürfnisse nie schrittweise bearbeitet und bewältigt, sondern nur beiseite geschoben und liegen gelassen, wird es für Jugendliche in der Krise – und das sind sie zwischen 12 und 16 Jahren – äußerst schwierig, an diese Bedürfnisse wieder anzuknüpfen, um die versäumten Entwicklungsschritte nachzuholen. Sie wenden sich enttäuscht von ihrer Familie ab. Der Versuch der Loslösung, mit der Hypothek der unbearbeiteten frühkindlichen Bedürfnisse, bringt sehr häufig einen Suchtmittelmissbrauch in Gang. Die narzisstische Störung hat sich nun manifestiert und die Sucht tritt offen in Erscheinung.

Um zu verhindern, dass Jugendliche noch bei ihren frühkindlichen Bedürfnissen verharren, ist ein ausgewogenes Maß an Festhalten und Loslassen von Anfang an notwendig. Nur so können Kinder, auf dem Hintergrund der Geborgenheit des Elternhauses, lernen, Schritt für Schritt die Selbstverantwortung für sich zu übernehmen. Beide Elemente müssen in Beziehung zueinander stehen, ohne Angst auszulösen. Festhalten bedeutet nicht Festbinden, und Loslassen darf nicht als Fallenlassen empfunden werden. Diese beiden Elemente, die von Anfang an in der kindlichen Erziehung eine wichtige Rolle spielen, bedeuten ganz einfach: Grenzen setzen, wo es nötig ist, und Freiheit geben für das Erlernen der Selbständigkeit. Dazu ein anschauliches Beispiel:

Ein Vater geht mit seiner zweijährigen Tochter auf den Spielplatz. Das Kind fühlt sich sofort von einem großen Sandberg angezogen. Immer wieder krabbelt es los und versucht, auf die Spitze des Berges zu gelangen. Aber mehrere Male rutscht es mit dem losen Sand wieder zurück. Voller Eifer ist es in seinem Bemühen vertieft, den Berg zu bezwingen. Der Vater kann nicht mehr mit ansehen, wie sich sein Engelchen abmüht. Er hebt das Kind auf und setzt es auf die Spitze des Sandhaufens.

Spielen sich solche Situationen täglich ab, wird das Kind später nicht in der Lage sein, selbständig Aufgaben in Angriff zu nehmen, und die Freude an einer erfolgreichen eigenständigen Bewältigung wird ihm versagt bleiben. Das Kind wird lernen, darauf zu warten, dass jemand kommt, der die Hindernisse aus dem Weg räumt. Kommt niemand, so wird es anderweitig versuchen, sich lustvolle Befriedigung im Leben zu verschaffen.

Heranwachsende zwischen 12 und 16 Jahren lieben das Risiko. Sie müssen experimentieren und Grenzen ausloten. Nicht nur ihre eigenen, sondern auch die ihrer Mitmenschen. Das gehört zu dem langwierigen Lernprozess, der sie letztlich dazu befähigen soll, das eigene Leben zu meistern, sich selbst und die eigenen Grenzen kennen zu lernen und so Entscheidungen treffen zu können. Am Anfang liegen Jugendliche in ihrer Einschätzung oft falsch, denn ihre Erfahrungen mit sich und anderen sind noch begrenzt. Kein Wunder, dass Eltern am liebsten einschreiten möchten, wenn sie sehen, wie ihr Kind in eine Sackgasse oder in ein Unglück läuft.

Für Jugendliche macht das Experimentieren mit Drogen kaum einen Unterschied zu dem mit gesellschaftlich tolerierten Suchtmitteln wie Medikamenten, Zigaretten oder Alkohol. Besonders gefährdet sind sie, wenn die Eltern mit «schlechtem» Beispiel vorangehen. Sie erkennen sofort die Doppelmoral, die Inkonsequenz und die fadenscheinigen Argumente, wenn Eltern sie auf die Gefahren von Drogen hinweisen, selbst aber regelmäßig Alkohol zu sich nehmen und rauchen. Betrachten Sie daher zunächst kritisch Ihr eigenes Verhalten, bevor Sie Ihre heranwachsenden Kinder vor Drogen warnen.

Konflikte in der Pubertät

Jungen und Mädchen in der Pubertät sehen sich heute allgemein mehr und viel komplexeren Konflikten ausgeliefert als noch vor einigen Jahren. Wie sollen Eltern reagieren, wenn sich schon 14-jährige Mädchen eine Schönheitsoperation wünschen, um in ihrer Clique angesehen zu werden? Es ist manchmal schwer für Eltern pubertierender Kinder, Zugang zu ihnen und ihrer Gedankenwelt zu finden. Wie «richtige» Erziehung auszusehen hat, ist schwer zu sagen, denn die Modernisierung der Gesellschaft hat die Bedeutung von Familie und Elternhaus stark verändert. Dazu mischen sich die Medien in die Erziehung ein, definieren wirtschaftliche Anforderungen neu, wie lange Jugend zu dauern hat, was Reife bedeutet und welche Werte erstrebenswert sind. Viele traditionelle Vorstellungen von Kindheit müssen heute neu überdacht werden. Die Pubertät beginnt wesentlich früher, und die Zeit des Heranwachsens, mit der Abhängigkeit von den Eltern, dauert länger als je zuvor. Das ist für

Eltern eine große Herausforderung. Heranwachsende können in große Konflikte geraten, wenn sie den Normen von Schule, Clique, Jugendkultur und Elternhaus genügen wollen, die oftmals im Gegensatz zueinander stehen, und wenn sie dann auch noch zu sich selbst finden wollen.

Mit einem guten Jugendbuch, Klavierunterricht, Zurückhaltung beim Konsum und gelegentlichen Ermahnungen bringt man Kinder nicht durch diese schwierige Zeit. Die moderne Leistungsgesellschaft stellt hohe Anforderungen an heranwachsende junge Menschen, bietet aber im Gegenzug kaum verlässlichen Schutz und Sicherheit. Vielleicht war die Pubertät noch nie so schwierig wie heute. Jede / r fünfte Pubertierende ist, zumindest phasenweise, verhaltensauffällig, depressiv, neigt zu Gewalt, zu Drogen- und Alkoholkonsum und Kriminalität. Gewalt ist im jugendlichen Alltag ständig präsent.

Eine Studie der Universität Bremen ergab, dass Jugendliche im Alter zwischen 12 und 17 Jahren sich in alarmierend hoher Zahl mit Selbstmordgedanken beschäftigen. Von 1035 Jugendlichen hatten 30 bereits einen Selbstmordversuch unternommen, fast jeder zehnte aber schon einmal darüber nachgedacht. Die Studie belegt auch eine mit dem Alter steigende Suchtbereitschaft. Für ein Fünftel der 16- bis 17-Jährigen war mehrmaliges wöchentliches Trinken von Alkohol selbstverständlich. Die Bereitschaft und auch die Fähigkeit, über Werte zu sprechen, hat bei den Jugendlichen stark abgenommen. Die kulturellen Pubertätsmuster früherer Epochen wirken heute fremdartig auf die Jugendlichen. An die Stelle des Grübelns über die Welt oder das Abtauchen in literarische Gegenwelten ist die Macht der Gleichaltrigengruppen getreten. In diesen Gruppen weht oft ein recht rauer Wind. Popgrößen oder TV-Helden aus Teenie-Soap-Operas prägen das Weltbild, setzen die Standards, was Aussehen, Verhalten und Einstellungen anbelangt. Schönheit ist inzwischen wichtiger als Ethik. Der Druck, einem Ideal nachzurennen, ist für junge Menschen heute sehr viel stärker als noch vor Jahren. Schönheitsvorbilder hat es für Männer wie für Frauen zwar zu allen Zeiten gegeben, aber heute wird ihre Nachahmung früher angestrebt. In den USA sind Nasenoperationen bei ganz jungen Mädchen keine Besonderheit mehr. Verzweifelte Eltern gehen mit ihren pubertierenden Töchtern zu Schönheitschirurgen, um gemeinsam zu überlegen, wie die Fettansammlungen am Oberschenkel entfernt werden können, um die Figur zu verbessern. Oftmals wird eine chirurgische Lösung gewählt, um zu verhindern, dass die Mädchen trotzig weiterhungern und magersüchtig oder bulimisch werden.

Die lässige Selbstinszenierung, die vorgetäuschte Sorglosigkeit in Bezug auf die eigene Zukunft werden immer aufwendiger und anspruchsvoller. In einer auf Jugendlichkeit, Schönheit und Fitness fixierten Welt ist es schwer, erwachsen zu werden.

Der amerikanische Gesellschaftskritiker Robert Bly behauptet in seinem Buch «Die kindliche Gesellschaft», dass die Grenzen zwischen dämlich und kindisch, pubertär und halb erwachsen inzwischen fließend sind. Die Herrschaft der Halberwachsenen habe längst begonnen. Infantile Wunschgetriebenheit und eine kollektive kindliche Genusssucht bescheinigt er Kindern und Erwachsenen gleichermaßen. Dazu einen allgegenwärtigen Zwang zur perfekten Selbstdarstellung.

So mancher 14-jährige Junge traut sich ohne Haargel nicht in die Schule, weil er sonst «angemacht» wird. Und wenn die Nobelmarken Gucci und Ralph Lauren gerade «angesagt» sind, traut sich kaum jemand mit Quelle- oder Tchibo-Klamotten in seine Gruppe, aus Angst vor dem Kommentar: «Hey, du siehst ja aus wie 'ne Mülltonne!»

Was bleibt unseren Teenagern zu tun angesichts dieses rasenden Wettbewerbs der feinen Lebensstile, der extravaganten Selbstinszenierungen und des Jugendkults, der über die tradierte Moral triumphiert? Dem Zwang zum Styling, zum Erfolg kann sich kaum jemand entziehen, ein Pubertierender ganz gewiss nicht. Viele leiden unter diesem immensen Druck, zusätzlich dazu, dass sie nicht mehr unbeschwertes Kind und noch kein Erwachsener sind. Unsere Jugendlichen sind zwar mit der ganzen Welt vernetzt, aber kennen sie sich noch in ihr aus? Meist haben sie wenige primäre Erfahrungen mit sich selbst in der Welt gemacht, denn die Erlebnisräume sind sehr begrenzt. Die Anforderungen von Heranwachsenden an die eigene Zukunft sind hoch. Nicht dazuzugehören ist sehr schlimm, aber noch schlimmer ist es, ein «Loser» zu sein. Oft werden die Ziele klar genannt: «Ich will erfolgreich sein, toll aussehen und viel Geld haben.» Und wenn die Noten schlecht sind und trotzdem noch die Schule geschwänzt wird? «Na, und? Dann gehe ich eben zum Fernsehen!»

Anders als früher ist das theoretische Wissen der heutigen Teenager sehr beachtlich. Sie kennen sich aus in Bereichen wie Technik, Musik, Sport, Mode und Sexualität, auch wenn sie ihre eigene innere Labilität und ihre Gefühlsschwankungen nicht gut verstehen.

Experten beobachten allerdings einen größeren Druck zur Konformität als früher. Wer die falschen Schuhe trägt oder den falschen Haarschnitt, wird sehr viel schneller ausgegrenzt. Auch das erhöht wiederum den Druck auf den Einzelnen. Was falsch und richtig ist, bestimmt die Clique. Und diese «Wahrheit» ist oft die Wahrheit, die in den Medien propagiert wird. Die Flut der manipulierenden Bilder war noch nie so groß.

Da Eltern ihren Kindern den Anschluss an die technische Entwicklung – und damit die Chancen für die Zukunft – nicht verbauen wollen, sind Teenager entsprechend gut ausgerüstet. In Deutschland gibt es 10,9 Millionen Kinder und Jugendliche im Alter von 6 bis 17 Jahren. Davon besitzen 38 Prozent einen eigenen Fernseher, ein gutes Drittel hat eine eigene Stereoanlage und ein Fünftel sogar einen eigenen Videorecorder. Die Hälfte dieser Altersgruppe verbringt regelmäßig viel Zeit am PC.

Kinder und Jugendliche können sich heute, wenn sie es wollen, rund um die Uhr durch unzählige Fernsehkanäle zappen. Dadurch entstehen sozusagen unkontrollierbare, erziehungsfreie Räume. Eltern wissen häufig nicht, was ihre Kinder sich so alles ansehen und was sie treiben. Sie wollen einerseits verständnisvoll und großzügig sein, sind aber auf der anderen Seite von ihren pubertierenden Kindern sehr schnell entnervt, überfordert und ziehen sich zurück. Oft haben sie keine Ahnung von den Hobbys ihrer Kinder, ihren Musikvorlieben, Freizeitinteressen oder ihren Freundinnen und Freunden. Vielleicht war das früher auch so, aber heute kann es sehr viel dramatischere Folgen haben. Die Jugendlichen sind in dieser Altersphase emotional labil und extrem beeinflussbar. Sie wollen – und müssen – sich von den Eltern immer mehr abgrenzen und sich vermehrt der Außenwelt zuwenden. Der Zugang zu allen Dingen der Erwachsenenwelt ist aber heute für sie sehr viel leichter geworden, als es früher der Fall war.

Die Fähigkeit, zu erkennen, was richtig ist, und im Bedarfsfall auch einmal Nein zu sagen, hat stark abgenommen.

Selbst die Beschaffung von Alkohol, Zigaretten, Pornographie oder illegalen Drogen ist beängstigend leicht geworden. Die Fähigkeit, Gut und Böse zu erkennen, ist bei vielen Teenagern wenig entwickelt, sodass sie große Schwierigkeiten haben, sich zu orientieren. Gleichzeitig aber sollen sie ihren eigenen Weg finden. Auch Eltern leiden oftmals in dieser Zeit. Ohne Rückschläge geht es in dieser schwierigen Phase nicht.

Grundregeln für Eltern pubertierender Kinder

Bleiben Sie auf jeden Fall für Ihre Kinder ansprechbar, auch wenn diese sich provokant oder muffig gebärden. Handeln Sie für beide Seiten vernünftige Grenzen aus und achten Sie unbedingt darauf, dass sie eingehalten werden. Statt Kinder mit Konsumgütern abzuspeisen, widmen Sie ihnen lieber Ihre Zeit. Versuchen Sie, in Kontakt mit den nun wechselnden Lebenswelten Ihres Kindes zu bleiben, ohne dabei penetrant zu kontrollieren. Akzeptieren Sie die Abgrenzung vonseiten des Kindes als notwendig für dessen Entwicklung und nicht als Kränkung oder Verlust. Ganz wichtig: Wenn es zu dramatischen Situationen oder üblen Provokationen kommt, seien Sie verlässlich für den Jugendlichen da. In den schlimmsten Situationen muss sich Ihr Kind auf Sie verlassen können. Lösungen werden danach gesucht. Jugendliche, die sich von ihren Eltern aufgegeben fühlen, geben sich oft selber auf und driften ab in die Selbstdestruktion, zerstören sich und ihr Leben, in der irrigen Hoffnung, dass sie mit diesen Hilferufen doch noch ihre Eltern erreichen.

Verantwortung zu übernehmen ist gar nicht einfach (ca. 21 Jahre)

Der Schritt ins Erwachsenendasein, in die Eigenverantwortung ist nicht leicht. Die Zeit der Abhängigkeit von Elternhaus und Gesellschaft hat sich in den letzten Jahrzehnten deutlich verlängert. In der Lehrzeit oder während des Studiums wird nicht allzu viel verdient. Da bietet es sich an, zu Hause wohnen zu bleiben. Dort kostet das Leben in der Regel nichts oder nur wenig. Mutter wäscht die Wäsche mal eben mit und gekocht wird ohnehin. Der / die junge Erwachsene bleibt abhängig. Die gleiche Situation stellt sich ein, wenn er / sie arbeitslos wird. Wie soll da gelernt werden, Verantwortung zu übernehmen?

Dass den jungen Erwachsenen die physische und emotionale Ablösung von den Eltern auf dem Weg zur Eigenverantwortung gut tut, ist allgemein bekannt. Lässt sich das wegen der finanziellen Abhängigkeit nicht realisieren, ist es für beide Generationen von Vorteil, genaue Absprachen über das Zusammenleben zu treffen. Wenn schon die Ablösung nicht erfolgen kann, sollte wenigstens in Teilbereichen die Verantwortung auf alle Familienmitglieder verteilt werden. Im anderen Falle bleibt der junge Erwachsene im Status eines nicht flügge gewordenen Kükens stecken und befindet sich psychisch und emotional in einer spannungsreichen Ambivalenz: Er braucht noch den Schutz der Familie, aber er braucht genauso die Eigenständigkeit und Selbstbestimmungsmöglichkeit. Beides steht allzu oft in Widerstreit miteinander und bringt den jungen Erwachsenen in große Konflikte. Wahrscheinlich sagen Eltern heute nicht mehr direkt: «Solange du deine Füße unter unseren Tisch streckst, hast du zu tun, was wir für richtig halten», aber auch wenn die Botschaft indirekt vermittelt wird, ist die Situation dadurch nicht leichter.

Sind in den entscheidenden ersten Jahren, bis hin zur Pubertät, gravierende Störungen eingetreten, wird es für die jungen Erwachsenen sehr schwer, in der komplexen Welt Fuß zu fassen. Die meisten wünschen sich in diesem Alter Unabhängigkeit, eine eigene kleine Wohnung, die Freiheit der Selbstbestimmung (aufräumen, kochen, essen und die Freizeit gestalten, wie man selbst will).

Die mangelnde Ablösungsmöglichkeit dauert oftmals bis Ende zwanzig und erschwert das Leben von Eltern und Kind. Ungewissheit hinsichtlich der Zukunft wirkt sich negativ auf das Selbstvertrauen und das Selbstwertgefühl aus und kann zur Labilität führen. Manche Eltern beklagen sich, weil ihre Kinder keine Motivation zeigen. Ohne reales Ziel vor Augen ist es sehr schwer, motiviert zu sein. Ist aber erst ein Ziel ins Auge gefasst, wächst die Bereitschaft, sich dafür einzusetzen. Nicht selten wechseln Studenten noch mit dreißig ihr Studienfach, weil sie einfach keine Vorstellungen von ihrem späteren Beruf haben, und bleiben auf diese Weise noch länger von ihren Eltern abhängig.

Unterstützen Sie Ihr Kind dabei, möglichst nicht in eine solche Situation hineinzugeraten. Diskutieren Sie mit Ihrem erwachsenen Kind über mögliche Lebensziele.

Arbeitslosigkeit

Junge Menschen ohne Arbeit leiden mehr unter Angstgefühlen und Depressionen als Berufstätige. Sie sind häufiger krank, haben ein niedrigeres Selbstwertgefühl und zeigen häufiger missbräuchliches Verhalten im Umgang mit Drogen.

- Helfen Sie Ihrem arbeitslosen Kind, weiterhin ein «normales» Leben zu führen. Das Gefühl, weiterhin Kontrolle über das eigene Leben zu haben, ist sehr wichtig. Es stärkt die Eigenverantwortlichkeit, wenn der Tagesablauf eine gewisse Struktur aufweist und der / die Arbeitslose nicht den ganzen Tag gar nichts tut oder sogar im Bett bleibt.
- Ermutigen Sie Ihr Kind, mit seinen Freundinnen und Freunden in Kontakt zu bleiben, damit keine emotionale Abhängigkeit zu Ihnen entsteht. Auch ein arbeitsloser junger Mensch sollte möglichst viel Verantwortung für sich selbst und sein eigenes Leben übernehmen.
- Benutzen Sie eine finanzielle Abhängigkeit niemals als Druckmittel. Sie treiben Ihren Sohn oder Ihre Tochter damit nur weiter ins Abseits.
- Schlagen Sie Ihrer Tochter oder Ihrem Sohn vor, die Zeit zu nutzen und etwas Neues zu lernen, Kurse zu belegen oder eine Fremdsprache zu erlernen.

Hat der Heranwachsende gelernt, Selbstvertrauen und Selbstwertgefühl zu entwickeln, verfügt er in der Regel als junger Erwachsener über genügend Stabilität, um die Lebensaufgaben des Erwachsenenalters in Angriff zu nehmen. Das bedeutet in unserer Kultur meist das Eingehen verbindlicher Beziehungen, die Bewältigung eines Berufes und die Beteiligung am gesellschaftlichen Leben. Das Vertrauen in die eigene Handlungsfähigkeit und das sichere Eingebundensein in befriedigende soziale Beziehungen sind wichtige Faktoren einer erfolgreichen Lebensgestaltung.

Machen erwachsene Menschen jedoch die Erfahrung, mit dem eigenen Handeln in einem unerträglichen Maß zu scheitern, von der Teilnahme am Arbeitsprozess ausgeschlossen zu sein, fühlen sie sich ohnmächtig ausgeliefert und nicht in sozialen Beziehungen aufgehoben, dann steigt die Wahrscheinlichkeit, dass sie in einem Suchtmittelgebrauch Zuflucht und Trost suchen. Das Drogenverhalten verändert sich jedoch. Die Suchtmittel der Erwachsenenwelt sind eindeutig die legalen Drogen, wie Alkohol, Nikotin und Medikamente.

viertes Kapitel | So können Eltern ihren Kindern helfen

Suchtvorbeugung bedeutet für die Eltern, dass sie ihr heranwachsendes Kind unterstützen, mit Problemen und Schwierigkeiten umgehen zu können. Als Grundbedingung für ein gesundes Leben brauchen Kinder das Gefühl, dass sie um ihretwillen geliebt werden, nicht wegen irgendwelcher Leistungen. Dabei sind aber Grenzen und Orientierung äußerst wichtig. Überforderung, aber auch Unterforderung, macht eher anfällig gegenüber Drogen. Wenn Heranwachsende überhaupt nichts zu entscheiden brauchen, keine Verantwortung übernehmen müssen, wenn alles für sie geregelt wird und das Leben immer nach dem gleichen Schema total langweilig abläuft, kann es sein, dass sie nach stärkeren, intensiveren Erfahrungen suchen. Suchtvorbeugung heißt also auch, Raum für Erfahrungen und echte Erlebnisse zu geben und Aufgaben mit Eigenverantwortung zu überlassen. Nur so können Kinder ihre eigenen Kräfte und Fähigkeiten kennen lernen. Das stärkt das Selbstvertrauen und fördert die Unabhängigkeit von anderen.

Die Familie ist der erste und vor allem der entscheidende Bezugsrahmen für ein Kind. Innerhalb der Familie lernt es die Grundlagen für seine späteren Verhaltensmuster. Die Entwicklung der Persönlichkeit wird in der Familie entscheidend geprägt. Die tiefen Bindungen zwischen Eltern und Kindern haben in den ersten Jahren ein weitaus größeres Gewicht als die Einstellungen Gleichaltriger und Bindungen an sie. Grundlegende Einstellungen, Orientierungsmuster, Leitbilder werden vermittelt und Konsumhaltungen geprägt. Das Kind lernt in der Familie zwischen Ich und Du zu unterscheiden. Es braucht Zuwendung, Akzeptanz, aber auch Grenzsetzungen. Im besten Fall bewegt sich Erziehung also zwischen den beiden Polen «Freiheit» und «Bindung». Zu viel Freiheit überfordert ein Kind, zu viele starre Grenzen lassen es nicht selbständig werden. Grenzen zu akzeptieren und Konflikte konstruktiv zu bewältigen lernen gehören aber mit zur Grundlage der Vorbeugung von Suchtverhalten. Wie man mit notwendigen Grenzen umgeht und Konflikte konstruktiv löst, das lernen Kinder von uns Eltern und ihren unmittelbaren Bezugspersonen.

Spätestens in der Kindergartenzeit beginnen Kinder, sich selbst mit den anderen zu vergleichen und über den eigenen, begrenzten Familienhorizont hinauszuschauen. Das Kind muss nun lernen, sich in einem neuen sozialen Raum zurechtzufinden. Es muss lernen, die Zuwendung der Erzieherin mit anderen Kindern zu teilen, und es muss lernen, sich selbst in der Gruppe zu behaupten. Das ist eine ganze Menge.

Aber nicht nur die Kinder vergleichen sich untereinander, auch die Eltern und Familien werden miteinander verglichen. Soziale Unterschiede werden sichtbar und die Kinder spüren sie sofort. Konnten Verhaltensauffälligkeiten in der Familie noch kompensiert und abgefangen werden, geht das im Kindergarten nicht mehr. Hier treten sie deutlich hervor und stören unter Umständen die anderen. Besuchen die Kinder keinen Kindergarten, so gilt all dieses für die ersten Jahre in der Grundschule.

Der Umgang mit Konsumgütern in den ersten Jahren ist entscheidend für die Entwicklung von Suchtverhalten. Fühlen Sie sich auch in manchem Kinderzimmer von dem Überangebot an materiellen Gütern fast erschlagen? Dieses Überangebot geht oft einher mit einer Unterversorgung an Zuwendung, Gespräch, Auseinandersetzung, Teilnahme, Verantwortung oder Gemeinsamkeit. Das ist die erste Gefahrenhürde, die es zu nehmen gilt. Am elterlichen Alkohol- und Medikamentenkonsum lernen Kinder, wie mit Langeweile, Problemen und Krankheit umgegangen werden kann.

Kinder und Jugendliche müssen eingebunden werden in ihren sozialen Rahmen, sei es Familie, Kindergarten oder Schule. Sie können und müssen Verantwortung übernehmen, denn nur wer das Gefühl hat, gebraucht zu werden, wichtig zu sein und einen Beitrag zu einem guten

Ganzen zu leisten, findet einen Sinn in seinem Leben und muss nicht flüchten.

Vor noch nicht allzu langer Zeit nahmen Wissenschaftler an, dass nur ein bestimmter Persönlichkeitstyp – die so genannte Suchtpersönlichkeit – Abhängigkeitsprobleme entwickelt. Heute wissen wir jedoch, dass alles viel komplexer ist. Es gibt nicht nur eine einzige Ursache für ein Suchtproblem, sondern mehrere Faktoren entscheiden oft darüber, ob ein Kind Suchtprobleme bekommt oder nicht. Wie es Risikofaktoren gibt, die die Gefahr einer späteren Abhängigkeit erhöhen, so gibt es auch Schutzfaktoren, die einer Gefährdung entgegenwirken. Als Eltern können wir versuchen, die Risikofaktoren möglichst gering zu halten, die Schutzfaktoren dagegen zu stärken. Oft sind beide Seiten in einem Faktor enthalten, entscheidend ist, welche Seite ausgeprägt wird. So ist z. B. das Konsumverhalten in der Familie Risiko und Schutz zugleich: Risiko, wenn Eltern und Geschwister bereits Suchtmittel konsumieren, aber Schutz, wenn die Familienangehörigen den Suchtmitteln kritisch gegenüberstehen.

Risiko- und Schutzfaktoren

- **Vererbung**
  Aus genetischen Gründen reagieren Menschen unterschiedlich auf psychoaktive Stoffe. Bei weiblichen Personen können schon weitaus geringere Mengen Alkohol zu schweren Folgeerkrankungen führen als bei männlichen. Aber auch Menschen gleichen Geschlechts entwickeln bei gleichen Voraussetzungen unterschiedlich schnell eine Abhängigkeit. Da jedoch die Umwelteinflüsse eine größere Rolle spielen und Menschen mit einem genetisch stärker bedingten Risiko im Alltag nicht erkannt werden können, spielt dieser Faktor keine große Rolle.

- **Konsumverhalten in der Familie**
  Wie man mit Alkohol, Nikotin, Süßigkeiten oder illegalen Drogen umgeht, muss jeder Mensch im Laufe seines Lebens erst lernen. Den Umgang damit und die Einstellungen dazu lernen kleine Kinder

durch Beobachtung und Zuhören. Zunächst in der Familie, später dann in anderen sozialen Räumen. In der Fachwelt wird dies als «Lernen am Modell» bezeichnet. Die Familie, die Eltern und Geschwister, aber auch die nahen Verwandten und Freunde, sind Modelle dafür – ob es ihnen bewusst ist oder nicht –, wie Kinder später einmal mit Suchtmitteln oder psychoaktiven Substanzen umgehen werden. Nehmen Sie gleich eine Kopfschmerztablette oder versuchen Sie es erst mit frischer Luft? Sagen Sie nach Ärger: «Jetzt muss ich mir erst mal was Gutes tun», und greifen nach einem Gläschen Sekt? Oder: «Auf den Schreck muss ich erst mal etwas trinken»?, oder joggen Sie sich im Wald den Ärger von der Seele? Ihr Kind lernt daraus – und darin liegt eine große Chance, das Risiko einer Abhängigkeit zu verringern.

Erziehungsstile

Bestimmte Faktoren einzelner Erziehungsstile begünstigen eine spätere Abhängigkeit beziehungsweise machen sie unmöglich. Der wichtigste Risikofaktor ist mangelnde Zuwendung. Eltern, die gleichgültig, teilnahmslos und verständnislos auf ihre Kinder reagieren, erhöhen das Risiko einer späteren Abhängigkeit. Wenn überfürsorgliche Eltern versuchen, das Kind in einem Schonraum zu halten, ihm nicht erlauben, neue Dinge auszuprobieren und selbst durch Versuch und Irrtum zu lernen, Richtiges von Falschem zu unterscheiden, steigt ebenfalls das Risiko einer späteren Abhängigkeit. Aber auch Inkonsequenz kann als Risikofaktor eingestuft werden. Der Wechsel von Sich-selbst-Überlassen bis hin zu extremer Härte ist schädlich für die Entwicklung eines Kindes. Wenn Sie Regeln aufstellen, bedenken Sie sie vorher genau. Und dann sollten Sie konsequent auf ihre Einhaltung achten. Wenn es von vornherein fragwürdig ist, ob diese Regeln einzuhalten sind, führen Sie sie besser erst gar nicht ein.

Freundeskreis der Kinder

Wer von uns kennt nicht die seufzenden Feststellungen mancher Eltern: «Er ist in schlechte Gesellschaft geraten», oder: «Sein Freund hat einen so schlechten Einfluss auf ihn. Er ist schuld an allem!» Neben der Vorbildwirkung des Elternhauses spielt die Gleichaltrigengruppe des Kindes eine entscheidende Rolle für die Entwicklung einer Abhängigkeit. Sozialer Druck und Vorbildwirkung des Anführers einer Gruppe sind von großer Bedeutung. Jetzt wird es wichtig, inwieweit ein Kind gelernt hat, sich sozialem Druck zu widersetzen, ohne Ängste zu bekommen. Kann es sich verbal gegen die Aufforderung zum Drogenkonsum wehren? Kennt es Argumente dagegen? Verliert es nicht sofort den Boden unter den Füßen, wenn es plötzlich allein gegen den Rest der Welt agiert? Die Kompetenz dazu hat es in seiner Familie gelernt. Trotz alledem dürfen Sie nicht allein auf die Kompetenz Ihres Kindes vertrauen. Sie sollten wissen, mit wem Ihre Kinder befreundet sind und wo sie die Freizeit verbringen. Sie sollten auch wissen, ob in diesem Freundeskreis bereits geraucht oder andere Suchtmittel genommen werden. Das ermöglicht Ihnen immerhin, rechtzeitig etwas zu unternehmen.

- **Verfügbarkeit von psychoaktiven Stoffen**
Die Verfügbarkeit von psychoaktiven Stoffen können Sie nur sehr bedingt beeinflussen. Natürlich können Sie dafür sorgen, dass in Ihrem Haus nicht wahre Vorratslager an Alkohol und Tabakwaren zur Verfügung stehen. Aber Sie können nicht verhindern, dass Ihr Kind sich Zigaretten aus dem Automaten zieht oder Alkohol in einem Supermarkt kauft. Die beste Maßnahme, diesen mangelnden Einfluss auszugleichen, ist, Ihr Kind ausreichend über die positiven und negativen Auswirkungen des Konsums von psychoaktiven Stoffen zu informieren. Und dafür zu sorgen, dass es eine entsprechende kritische Einstellung dazu entwickeln konnte und auch gelernt hat, ein Angebot abzulehnen und Nein zu sagen.

- **Belastungsverarbeitung und Konfliktbewältigung**
Nicht die Menge der Belastungen und Konflikte ist entscheidend für die negativen Auswirkungen, sondern die Art und Weise, wie der / die Einzelne damit umgehen kann. Es gibt Menschen, die sich von der geringsten Belastung an die Wand drücken lassen, krank werden, die Situation passiv leidend ertragen, sich als Opfer fühlen und bei der kleinsten Frustration zum Tröster greifen.

Andere Menschen kennen ihre Grenzen, gehen Belastungen und Konflikte bewusst an und versuchen eine Lösung zu finden, mit der sie gut leben können. Der konstruktive Umgang mit Belastungen und Konflikten ist durch Ihr Erziehungsverhalten teilweise beeinflussbar. Deshalb ist es ein wichtiger Schutzfaktor, wenn Ihr Kind Belastungen erkennen kann, Lösungswege findet, seine Kräfte für die konstruktive Konfliktbewältigung einsetzen kann und die Fähigkeit besitzt, sich mit Belastungen, die nicht beseitigt werden können, zu arrangieren – ohne sich mit einem suspekten Mittel trösten oder eine fragwürdige «Flucht» ergreifen zu müssen.

- **Selbstvertrauen und Selbstsicherheit**
  Diese beiden Eigenschaften sind ungeheuer wichtig, um das Risiko einer Abhängigkeit zu minimieren. Menschen, die großes Vertrauen in ihre eigenen Fähigkeiten haben, ihre Bedürfnisse in der Welt befriedigend durchsetzen können und gelernt haben, mit Problemen umzugehen, statt vor ihnen davonzulaufen, leben nicht nur ein gesünderes, erfüllteres Leben, sondern sind ebenfalls viel besser vor dem Abrutsch in eine Sucht geschützt. Menschen ohne Selbstvertrauen empfinden sich als Opfer der Umwelt und sehen in den Mitmenschen Feinde. Ziel jeder Erziehung sollte es daher sein, Kindern Selbstvertrauen und Selbstsicherheit zu geben, damit sie ihren Platz in der Welt finden und lernen, sich – ohne den anderen zu schaden – durchzusetzen.

- **Kommunikationsfähigkeit**
  Kinder, die kontaktfähig sind, Gespräche mit fremden Menschen führen können, längerfristig Kontakt halten können, Freundschaften pflegen, eigene Interessen durchsetzen, aber auch Kompromisse eingehen können, wenn es Interessenkonflikte gibt, sind vor Drogenmissbrauch besser geschützt. Sie sind allgemein auch glücklicher und zufriedener, was ein zusätzlicher Schutzfaktor ist. Isolierte Menschen, die sehr schwer Kontakt zu anderen finden und auf keine stützenden langfristigen sozialen Beziehungen zurückgreifen können, sind um ein Vielfaches gefährdeter.

- **Umgang mit psychoaktiven Stoffen**
  Kinder und Jugendliche, die ausreichend über die Art und Wirkung von psychoaktiven Stoffen informiert sind, eine kritische Einstellung zum Konsum dieser Stoffe entwickelt haben und in ihrem Verhalten kompetent sind, werden mit großer Wahrscheinlichkeit nur selten in die Lage geraten, Drogen zu missbrauchen.

  Diese Kinder haben gelernt, Konsumangebote auch einmal abzulehnen und die eigenen Bedürfnisse besser und beglückender zu befriedigen als mit psychoaktiven Substanzen. Es kann gar nicht oft genug betont werden: Je früher, desto besser. Je gefestigter sie diesen Stoffen gegenüberstehen, desto besser sind sie in schwierigen Phasen, z. B. in der Pubertät, davor geschützt.

Was Kinder wirklich brauchen

Die emotionale Kompetenz ist die Grundlage unserer Lebensfähigkeit. Die sich ständig ändernden Lebensbedingungen erfordern Verhaltenskonsequenzen von uns Erwachsenen.

In den letzten zwei Jahrzehnten hat sich der Lebensraum für Kinder drastisch verändert. Wir mögen vielleicht noch verklärt an eigene Kindheitserfahrungen denken. An Baumhöhlen und an das Versteckspielen in den Kornfeldern. Oder an lange Sommerferien, die aber nur deshalb so «lang» waren, weil nicht eine Aktion der anderen folgte.

Das Leben in der heutigen Gesellschaft ist sehr viel komplexer und unübersichtlicher als vor etlichen Jahren. Der Entwicklungszeitraum für Kinder scheint zusammengedrängt, Kinder stehen heute unter Stress und haben oftmals kaum Zeit und Ruhe für einzelne Entwicklungsphasen, geschweige denn zum Spielen, Ausprobieren und Verwerfen. Die wichtigsten Faktoren sind folgende:

- Kinder sind als Konsumenten entdeckt worden und werden heute mit allen Mitteln umworben. Nicht mehr die Eltern sind die Angesprochenen der Werbung, sondern die Kinder, die die Trends setzen und über Milliarden Euro verfügen. Sei es nun durch eigenes Taschengeld, Geldgeschenke der Großeltern, Bestechungsgelder von getrennt lebenden Elternteilen oder auch nur das Portemonnaie der Eltern selbst, denen sie beim Einkaufen Druck machen. Von den Werbestrategen wird das offene «Wahrnehmungsfenster» der Gruppenzugehörigkeit zu Gleichaltrigen und der Abgrenzung von den Eltern in einem bestimmten Alter erfolgreich genutzt. Um dazuzugehören, braucht man nun einmal ganz bestimmte Markenartikel, auch wenn sie teuer sind. Der Besitz bestimmter Konsumartikel wird elementaren Bedürfnissen gleichgesetzt und dadurch identisch mit Glücklichsein. Die Gefahr, dass dieser Mechanismus auch auf den Konsum von Stoffen und Suchtmitteln übertragen wird, ist nicht von der Hand zu weisen.

- Die Lebenserfahrungen, die Kinder heute sammeln, sind überwiegend «second hand». Sie werden aus Medien, nicht aus direktem Erleben gewonnen. Sie sind gefiltert, zweidimensional und lassen alle nötigen taktilen, geruchs- und geschmackssinnlichen Erfahrungen aus, denn wenn ein Kind in einer (wenn auch gut gemachten) Kindersendung einen Film über Kühe, Melken und Milchproduktion sieht, ist das eine ganz andere Erfahrung, als wenn es in einem Kuhstall steht, den Dreck sieht und riecht und vielleicht mal mit Hand anlegen darf. Für die meisten Kinder ist die Welt nicht mehr über eigene Aktivitäten erfahrbar, sondern nur noch über Fernsehprogramme.

- Die immer stärkere Bevölkerungsdichte hat zur Folge, dass es weniger freie Fläche zum Spielen gibt. Auf gepflegten Grünflächen lässt sich nicht gut spielen. Auf Waldlehrpfaden spazieren zu gehen ist nur ab und zu ganz interessant. Der Erfahrungsverlust im sinnlichen wie im sozialen Bereich ist groß.

- Eltern geben sich alle Mühe, auf die eingeschränkte Erfahrungswelt ihrer Kinder zu reagieren, indem sie ihnen Angebote machen. Sie schicken sie zum Sport, ins Ballett, zum Musikunterricht oder zum Judo. Das sind oft zusätzliche Anforderungen zu Kindergarten und Schule. Es ist gut gemeint, aber dadurch wird der Alltag der Kinder noch mehr reglementiert. Alles muss organisiert werden, spontane Aktionen sind selten. Die Kinder haben kaum noch Möglichkeiten, sich selbst zu organisieren, Freunde auszuwählen oder sich eigene Schwerpunkte für ihre Freizeit zu setzen. Der Kinderalltag ist in viele kleine Einheiten zerstückelt.

- Kinder brauchen einen Ort, an dem sie ihre eigene Identität ausbauen können, ohne dass ihnen ständig Vorgaben gemacht werden. Sie brauchen einen Platz, an dem sie sich selbst erfahren und von Spannungen freispielen können. Auch das gehört mit zur Suchtvorbeugung. Das Kind erfährt dabei: Das bin ich, das traue ich mir zu, das kann ich schon. Es erwirbt Selbstbewusstsein – und das wird es brauchen, um später zu Drogen Nein sagen zu können. Kinder benötigen Rückzugsmöglichkeiten. Freiräume, in denen sie allein sein können, ohne den beobachtenden Blicken anderer ausgesetzt zu sein. In diesen Freiräumen können sie sich Beschäftigungen hingeben, die nur sie allein etwas angehen.

- Kinder brauchen andere Kinder. Im Zusammensein erfahren sie, dass es in der Gruppe eigene Gesetze gibt. Sie erleben, was Solidarität und Verständnis sind. Sie erfahren sich selbst als Individuen im Gegensatz zur Gruppe. Kontakte zu Gleichaltrigen sind wichtig, wenn sich die Beziehung zu den Eltern einmal als schwierig erweist. Und letztlich helfen die Altersgenossen Heranwachsenden bei der Ablösung von den Eltern und somit auf den Weg des Selbständigwerdens.

- Kinder brauchen unendlich viele Gelegenheiten, um Körpererfahrungen zu sammeln. Sie müssen sich bewegen können. Laufen, Springen, Toben, Rollen, Schlittenfahren und Rollschuhlaufen helfen ihnen, ganzheitliche Körpererfahrungen zu machen, Freude durch die körperliche Bewegung zu erfahren – ganz ohne psychoaktive Stoffe zu erleben, dass Leben Spaß macht und abenteuerlich ist.

- Kinder brauchen das Gefühl, dass sie akzeptiert und ernst genommen werden. Das sollte sich auch darin äußern, dass sie bei wichtigen Familienangelegenheiten ein Mitspracherecht eingeräumt bekommen. Denn sie haben manchmal sehr wichtige Argumente, an die Erwachsene gar nicht gedacht haben.

So schützen Sie Ihr Kind

Wenn Sie dafür sorgen, dass Ihr Kind in den folgenden Bereichen die Welt und sich selbst erfahren und kennen lernen kann, dann geben Sie ihm einen optimalen Schutz mit auf den Lebensweg.

1. Thema Sucht / Drogen

- Informationen über Sucht und Suchtstoffe (Nikotin, Alkohol, Tabletten, illegale Drogen), Wirkungsweisen
- Möglichkeiten der Therapie und Beratung
- Drogenbedeutung in der Gesellschaft

2. Entwicklung der Persönlichkeit

- Bewusstmachen von Gruppendruck
- Widerstehen und Nein-Sagen lernen
- Bewusstmachen der Interaktionen in einer Gruppe
- Unsicherheit, Angst, Frustration, Misserfolg und Ablehnung aushalten können
- Möglichkeiten schaffen, die Entscheidungs-, Kommunikations- und Problemlösungsfähigkeit zu verbessern

3. Umgang mit sich selbst

- Förderung von Wahrnehmung und Selbstvertrauen
- Kennenlernen unterschiedlicher Normen und ihrer Bedeutung für das Verhalten
- Bewusstmachen von persönlichen Werten
- Erfahren des eigenen Körpers sowie der Reaktionen auf Gefühle
- Wahrnehmung und Überwindung von körperlichen Berührungsängsten

4. Umgang mit anderen

- Förderung der sozialen Fertigkeiten
- Anspannungs- und Entspannungsübungen
- Gefühle und Befindlichkeiten wahrnehmen, aussprechen und annehmen lernen
- Sinneswahrnehmungen trainieren

Allgemeine Erziehungsgrundsätze und Drogenprävention

Die folgenden Grundsätze gelten generell für die Erziehung von Kindern, sie sind aber darüber hinaus wichtige Schutzfaktoren und helfen, einem Drogenmissbrauch vorzubeugen.

Konsequenter Erziehungsstil

Vermeiden Sie einen autoritären Erziehungsstil ebenso wie einen inkonsequenten oder überbehütenden. Im ersten Fall kann das Kind seine eigene Persönlichkeit nicht entwickeln, Belastbarkeit und

Selbstsicherheit können nicht erlernt werden. Labile und unsichere Kinder werden durch autoritäre Erziehung noch labiler und unsicherer.

Inkonsequentes Verhalten der Eltern gibt dem Kind nicht genügend Sicherheit. Ein Kind braucht altersgemäße Grenzen, um die Welt von einer sicheren Position aus zu entdecken. Ein überbehütetes Kind kann seine Selbständigkeit nicht erlernen. Haben überbehütete Kinder nicht gelernt, allein einen Konflikt mit jemandem auszutragen, werden sie in schwierigen Situationen ängstlich, vermeiden sie und bleiben in frühkindlichen Verhaltensmustern hängen.

Zu dem konsequenten Erziehungsstil gehören Toleranz und Achtung. Kennzeichnend sind klare Regeln, die dem Alter des Kindes entsprechen und so erklärt werden, dass das Kind sie versteht. Diese Regeln müssen aber auch von den Erwachsenen vorgelebt werden. Einem Kind das Rauchen zu verbieten und dann selbst zu rauchen ist nicht sehr wirksam. Wenn Sie von Ihrem Kind Pünktlichkeit verlangen, sollten Sie auch selbst pünktlich sein. Regeln sollten immer auf eine bestimmte Situation bezogen sein. Geben Regeln dem Kind in den ersten Jahren die nötige Sicherheit und Geborgenheit, so wird es diese Regeln später wahrscheinlich infrage stellen. Einige wird es übernehmen, andere ablehnen. Es ist wichtig, dass Eltern dann kompromissbereit sind, denn gemeinsam Kompromisse zu suchen fördert die Selbständigkeit und das Selbstvertrauen der Kinder.

Konflikte in Gesprächen austragen

Für die Lösung eines Konfliktes ist es nicht immer erfolgreich, wenn die Auseinandersetzung ausschließlich auf der rationalen Ebene ausgetragen wird, wenn also Argument gegen Argument ins Feld geführt wird. Wechseln Sie mal die Gesprächsebene und fragen Sie Ihr Kind, was es denn empfindet, welche Motive und Gefühle es hat. Es kann durchaus sein, dass Sie sich mit Ihren sachlichen Argumenten im Recht fühlen, Ihr Kind die ganze Sachlage aber völlig anders empfindet. Empfindungen ändern sich nicht durch stundenlanges Argumentieren. Das Kind gibt dann irgendwann höchstens auf, weil es sich ohnehin nicht mit seinem Standpunkt durchsetzen kann. Das schadet aber wiederum den Schutzfaktoren «Belastbarkeit» und «Selbstvertrauen». Fragen Sie Ihr Kind, warum Sie nach seiner Meinung diese Regel wohl aufgestellt haben oder warum es meint, dass Sie so streng sind.

Das Gesprächsklima wird sich nun sicherlich deutlich verbessern. Und Sie erfahren etwas über die Ängste, Wünsche und Hoffnungen Ihres Kindes. Auf diese Weise wird es viel leichter, eine Lösung zu finden, mit der alle Beteiligten einverstanden sein können. Es geht dann in dem Gespräch nicht mehr darum, wer «gewinnt», sondern darum, einen Konflikt zu lösen und einen Kompromiss zu finden. So bleiben Sie mit Ihrem Kind «im Gespräch», und es lernt, ähnliche Konflikte mit anderen Erwachsenen und später mit Jugendlichen auf angemessene Weise zu lösen. Schwierige und unerfreuliche Gespräche werden durch diese Haltung wesentlich angenehmer.

Belastungen erkennen und verarbeiten

Ein Leben völlig ohne Belastungen gibt es nicht. Daher ist es ungeheuer wichtig, dass Kinder lernen, damit umzugehen, denn das ist ein wichtiger Schutz gegen die Gefahr, in eine Abhängigkeit von einer psychoaktiven Substanz zu geraten.

Einmal abgesehen von den Belastungen durch Kriegsereignisse oder Naturkatastrophen leben Menschen aufgrund ihres sozialen Umfeldes und ihrer persönlichen Situation mal mit höheren, mal mit weniger hohen Belastungen. Kinder und Jugendliche sollten im Laufe ihrer Entwicklung lernen, Belastungen als solche rechtzeitig zu erkennen und darauf entsprechend zu reagieren. Gerade in den Zeiten von Entwicklungsübergängen, wie beispielsweise der Pubertät, sind Jugendliche vielen Belastungen ausgesetzt. Haben sie dafür keine Kompetenz entwickelt, ist die Gefahr groß, dass sie die Belastungen z. B. durch den Konsum von Drogen bewältigen. Voraussetzung für die Verarbeitung von Belastungen ist, dass man sie überhaupt als solche wahrnimmt. Dazu gehört also eine gewisse Sensibilität für das eigene Innere. Es gibt viele Menschen, die unter starken Belastungen stehen und das gar nicht wahrnehmen, bis sie dann zusammenbrechen oder krank werden. Dauern die Belastungen länger an, entwickeln sich Symptome wie Schlaflosigkeit, Mattigkeit oder Magengeschwüre. Selbst dann halten viele Menschen organische Erkrankungen für die Ursache, ohne zu merken, dass psychische Gründe der Auslöser sind.

Mit einem vertraulichen Gespräch kann man die Ursachen der Belastung meistens klären. Wirkt Ihr Kind müde, traurig, ängstlich oder ist es aggressiv, dann fragen Sie nach. Flotte Sprüche nützen nichts. Fragen Sie nach und helfen Sie dem Kind dabei, seine Gefühle und Empfindungen auszudrücken. Vermeiden Sie Fragen, die das Kind mit Ja oder Nein beantworten kann, damit es selbst seinem Gefühl nachgehen kann. Also fragen Sie nicht: «Bist du so traurig, weil dein Hamster gestorben ist?», sondern besser: «Was macht dich so traurig?» Werden die Belastungen erst einmal wahrgenommen, so ist schon der erste Schritt zur Bewältigung getan. Nun sollte herausgefunden werden, ob es sich bei den Belastungen um solche handelt, die lösbar sind, oder ob es Probleme sind, die augenblicklich oder sogar dauerhaft nicht verändert werden können. In beiden Fällen muss eine Strategie entwickelt werden, wie die Belastung entweder beseitigt oder wie damit umgegangen wird. Überlegen Sie gemeinsam mit Ihrem Kind, was zu tun ist, aber vermeiden Sie es, selbst Lösungen zu formulieren. Überlassen Sie es Ihrem Kind, eine Lösung vorzuschlagen, und loben Sie es, wenn es die Belastungssituation erfolgreich bewältigt. Braucht das Kind Hilfe, so helfen Sie zumindest beim ersten Mal bei der Bewältigung einer kritischen Situation.

Problematischer sind dauerhafte Belastungen, wie z. B. Schwierigkeiten mit bestimmten Lehrern. Falls diese Probleme auf absehbare Zeit nicht lösbar sind, so helfen zumindest Gespräche darüber. Überlegen Sie mit Ihrem Kind, was für Möglichkeiten es gibt, die Belastung so gering wie möglich zu halten. Aber lassen Sie auch hier Ihr Kind selbst Vorschläge machen und suggerieren Sie keine eigenen Lösungen.

Selbstvertrauen und Selbstsicherheit stärken

Nur auf der Grundlage einer konsequenten Erziehung, die altersgemäße Grenzen setzt, lassen sich Selbstsicherheit und das Vertrauen in die eigenen Fähigkeiten entwickeln. In dem von den Eltern gesetzten Rahmen aus Regeln lernt das Kind sich selbst und seine Fähigkeiten kennen – und Vertrauen darin zu erwerben. Das funktioniert jedoch nur, wenn die Eltern nicht zu früh eingreifen, wenn das Kind eine Aufgabe nicht lösen kann. Lassen Sie Ihr Kind probieren, denn nur dadurch lernt es seine eigenen Grenzen, seine Schwächen und Stärken kennen. Wenn etwas wirklich nicht klappt, ermuntern Sie das Kind, es noch einmal zu versuchen. Auch eine anfängliche kleine Hilfestellung ist mal erlaubt. Wichtig ist jedoch, dass das Kind die Aufgabe am Ende wirklich selbständig bewältigt hat. Auf diese Weise erfährt es, dass es die Welt aktiv mitgestalten kann. In der Sicherheit des anfangs engen Rahmens lernt es in kleinen Schritten, die mit zunehmendem Alter immer größer werden, selbstbewusst das Leben zu gestalten. Lassen Sie Ihr Kind selbst überlegen, wie es seine Freizeit verbringt, was es anziehen könnte, welche Freunde es zu seinem Geburtstag einladen möchte und wie das Fest gestaltet werden könnte. Durch solche kleinen Aufgaben lernt es, auch in schwierigen Situationen richtige Entscheidungen zu treffen. Auf diese Weise erwirbt es Vertrauen in die eigenen Fähigkeiten.

Kommunikationsfähigkeit fördern

Fast alle Kinder haben eine angeborene Fähigkeit, Kontakt zu anderen Menschen aufzunehmen. Fördern Sie diese Fähigkeit. Im Babyalter sind Kinder noch keine sehr sozialen Wesen. Meist genügt es ihnen, sich mit sich selbst zu beschäftigen. Dabei können gern auch andere Kinder im Raum sein, die ebenfalls mit sich selbst spielen. Mit der Zeit nimmt das Kind jedoch Kontakt zu Gleichaltrigen auf. Es stellt fest, dass man zu zweit oder zu dritt noch viel mehr Spielmöglichkeiten hat. Ist Ihr Kind eher scheu und hat Schwierigkeiten, Kontakt aufzunehmen, so unterstützen Sie es durch kleine Hilfestellungen. Sie können, wie zufällig, selbst Kontakt zu einem Kind aufnehmen, dann beide Kinder einbeziehen und sich dann allmählich aus der Spielsituation wieder zurückziehen. Ziel ist, dass das Kind Freunde findet, Kontakte knüpfen und Freude am gemeinsamen Spiel erfahren kann. Zeigen Sie Interesse an den Kontakten des Kindes. Fragen Sie nach, lassen Sie sich von den Spielen berichten und fördern Sie alles, was die Kommunikationsfähigkeit Ihres Kindes unterstützt.

Kritische Haltung gegenüber psychoaktiven Stoffen fördern

Informationen über die Stoffe und entsprechend gelernte Verhaltensweisen machen es leichter, sich kritisch gegenüber psychoaktiven Stoffen zu stellen. Helfen Sie Ihrem Kind von Anfang an dabei. Nutzen Sie konkrete Situationen, wie z. B. einen Betrunkenen am Bahnhof, um mit Ihrem Kind über die negativen Folgen des missbräuchlichen Konsums zu sprechen. Lassen Sie Ihr Kind mit seinen eigenen Worten sagen, was es empfindet, wenn es einen Betrunkenen oder einen Kettenraucher sieht. Auf diese Weise kommen Sie in ein Gespräch. Wird eine kritische Haltung gegenüber Alkohol, Tabak, Medikamenten oder illegalen Drogen rechtzeitig entwickelt, dann hat Ihr Kind auch später, wenn die Versuchung groß ist, sicheren Boden unter den Füßen. Die Wahrscheinlichkeit, dass es in den missbräuchlichen Konsum von psychoaktiven Stoffen hineingerät, ist dann nicht mehr so groß.

Für ein Kind oder einen Jugendlichen ist es nicht einfach, der Versuchung zu widerstehen, Bedürfnisse durch den Konsum von Drogen zu befriedigen. Die Werbung suggeriert, dass man mit Rauchen ganz tolle Freunde findet, oder der Druck in der Gleichaltrigengruppe ist so groß, dass man nicht dazugehört, wenn man nicht mittrinkt. Es ist daher notwendig, dass ein Kind schon früh lernt, sich auch in einer Gruppe durchzusetzen, dass es mutig genug ist, auch mal Nein zu sagen. Dazu gehört auch, dass es gelernt hat, sich von Dritten Hilfe zu holen, selbstsicher gegenüber Drogenangeboten reagieren kann und gelernt hat, in der Schule ohne Aufputschmittel zurechtzukommen. Wenn Sie in der kritischen Phase des Erstkonsums (12 bis 16 Jahre) noch einen guten Kontakt zu Ihrem Kind haben, dann können Sie auch Situationen in Rollenspielen simulieren. Übernehmen Sie die Rolle eines anderen Jugendlichen, der Zigaretten anbietet, zum Biertrinken drängt oder Haschisch anbietet und das Kind bedrängt.

Den Beginn des Drogenkonsums so weit wie möglich hinausschieben

Zwischen dem Einstiegsalter und dem späteren Risiko einer Suchterkrankung besteht eindeutig ein Zusammenhang. Je jünger das Kind ist, wenn es zum ersten Mal psychoaktive Substanzen konsumiert, desto größer ist die Gefahr, dass es später abhängig wird.

Dieses Wissen ermöglicht uns, hier vorbeugend einzugreifen. Verhindern Sie, dass Ihr Kind schon frühzeitig mögliche Suchtmittel probiert. Auch der kleine Restschluck Wein auf der Familienfeier ist tabu und nicht als harmlos abzutun. Oftmals stehen Eltern unter Druck vonseiten der Verwandten und Freunde. «Ach, nun sei doch nicht so streng. Diesen kleinen Schluck nur!» Lassen Sie sich davon nicht beeindrucken. Mit jedem Jahr, das Sie den ersten Drogenkonsum hinausschieben, erhöhen Sie den Schutz für Ihr Kind.

Ihr Anteil, den Start des Drogenkonsums so weit wie möglich hinauszuschieben, ist übersichtlich und bei konsequentem Verhalten leicht realisierbar.

Schwieriger wird es jedoch, den Freizeitbereich des Kindes oder das Verhalten in der Schule im Auge zu behalten. Falsch wäre es, wenn Sie aus Angst, dass Ihr Kind dort Drogen nimmt, die Zeit außerhalb des Elternhauses zu kontrollieren versuchen. Ihr Kind fühlt sich dann bevormundet und erlebt, dass Sie kein Vertrauen zu ihm haben. Das wirkt eher kontraproduktiv. Sie können aber viel tun, wenn Sie Ihrem Kind Aufmerksamkeit schenken, sich für sein Leben, seine Freunde, seine Freizeit interessieren, ohne ihm eine gewisse Eigenverantwortung dafür abzusprechen.

Da sich das Einstiegsalter beim Drogenkonsum immer weiter nach vorn verschiebt, Kinder also in immer jüngerem Alter das erste Mal psychoaktive Stoffe probieren, ist eine Zusammenarbeit mit Kindergarten und Schule nicht nur sinnvoll, sondern geradezu ein Muss. Eltern sollten sich – z. B. im Elternbeirat – dafür einsetzen, dass Materialien zur Drogenprävention angeschafft und Kinder rechtzeitig über Drogen und die Folgen des Konsums informiert werden. Auch Projekte, die das Selbstvertrauen stärken, sind ein sinnvoller Bestandteil der Arbeit in Kindergärten und Schulen. Materialien gibt es bei der Bundeszentrale für gesundheitliche Aufklärung in Köln, bei der Deutschen Hauptstelle gegen die Suchtgefahren in Hamm, bei den Landesstellen gegen die Suchtgefahren und bei vielen anderen Organisationen und Verbänden (siehe Kontaktadressen ab Seite 136).

Eltern sollten also grundsätzlich so lange wie nur möglich verhindern, dass ihr Kind mit Suchtmitteln in Berührung kommt. Auf Dauer lässt sich dies natürlich nicht vermeiden. Es wäre auch falsch, Suchtmittel als etwas «Geheimnisvolles» hinzustellen. Das würde Kinder nur erst recht neugierig auf sie machen. Hier ein paar kleine Faustregeln:

- Schicken Sie Ihr Kind nicht zum Einkaufen von Zigaretten oder Alkohol.
- Trösten Sie es nicht mit Süßigkeiten oder Fernsehen, wenn es eigentlich Ihre Zuwendung möchte.
- Trinken Sie niemals in Gegenwart Ihres Kindes «einen über den Durst».
- Lassen Sie nach Feiern und Festen keine Alkoholreste unbeobachtet in der Wohnung stehen.

Suchen Sie rechtzeitig Unterstützung und Hilfe bei Ihrer Kinderärztin / Ihrem Kinderarzt oder einer Erziehungsberatungsstelle, wenn Ihnen Verhaltensweisen bei Ihrem Kind auffallen, mit denen Sie nicht zurechtkommen.

Vom Einfluss des Vorbildes

Es ist nicht nur unwirksam, sondern auch lächerlich, wenn wir unseren Kindern Verhaltensregeln vorschreiben und uns dann selber nicht daran halten. Wenn Sie von Ihrem Kind verlangen, dass es mit seinen Zigarettenexperimenten aufhören soll und Sie selber rauchen, werden Sie unglaubwürdig. Auch wenn Sie von Ihrem Kind Ehrlichkeit verlangen, selbst aber oft Ausflüchte und Notlügen gebrauchen, werden Sie keinen Erfolg mit Ihren verbalen Forderungen haben. Erwarten Sie von Ihrem Kind keine Zuverlässigkeit, wenn Sie sich selbst weder an Regeln noch an Versprechen halten.

Fragt man Jugendliche nach ihren Vorbildern, nennen viele Personen aus den Bereichen Sport, Musik, Film – andere schütteln nur den Kopf. Dauerhafte Vorbilder sind rar geworden. Die aktuellen Teenie-Idole werden meist sehr schnell durch andere ersetzt.

Es gibt aber auch die «heimlichen» Vorbilder, die von den Werbeplakaten herunterlächeln oder über einen Werbespot ins Wohnzimmer gelangen. Das sind die coolen Helden der Zigaretten- und Alkoholwerbung, die Abenteurer, die weite Welt und riesigen Spaß versprechen. Die Verknüpfung von Botschaft und Produkt geschieht ganz unmerklich. Wollte ein 13-Jähriger sich schon immer wie ein freier starker Cowboy fühlen, dann scheint ihm dieser Glimmstängel und die Art, wie sein Vorbild damit umgeht, dabei zu helfen, zu seinem Ziel zu gelangen. Die superschlanken Models, die tolle Mode präsentieren und selbst ein märchenhaftes Leben führen, sind Vorbilder für viele junge Mädchen, die ihrem Vorbild nacheifern und an massiven Essstörungen erkranken. Als Kinder sind sie mit einer gertenschlanken Barbie aufgewachsen, und nun suggerieren ihnen die neuen Vorbilder völlig falsche Ideale und Wunschvorstellungen.

Aber die einflussreichsten Vorbilder sind von Anfang an und bleiben zunächst einmal die Eltern und Betreuungspersonen. Alle, die mit Kindern leben oder zu tun hatten, müssen sich fragen, wie sie denn mit den legalen, alltäglichen Genussmitteln Nikotin, Alkohol und Medikamenten umgehen. Rauchende Eltern können ihren Kindern schlecht das Rauchen verbieten. Erlebt das Kind, dass auf jeder kleinen Feier unmäßig getrunken wird, so prägt sich diese Verknüpfung von Spaß haben und Suchtmittel tief in seine Verhaltensmuster ein. Wird gleich zum Medikament gegriffen, wenn Mutter Kopfschmerzen hat, oder versucht sie es erst mal mit einem kleinen entspannenden Schläfchen oder einem Spaziergang an frischer Luft?

Wenn Kinder von klein auf sehen, dass Erwachsene auf Frustrationen mit Ersatzbefriedigungen reagieren, werden sie gar nicht erst anfangen, darüber nachzudenken, dass es auch andere Verhaltensweisen gibt und dass sich Konflikte auch ohne den Trost durch Genuss- bzw. Suchtmittel lösen lassen.

Durch diese enorme Vorbildwirkung erwächst den Erwachsenen eine große Verantwortung in der Erziehung von Kindern. Alles richtig zu machen ist für niemanden möglich. Fehler und Schwächen hat jeder und darf sie auch haben und vor allem auch zeigen. Aber unser kontrollierter sinnvoller Umgang mit Konsumgütern trägt wesentlich dazu bei, dass unser Kind lernt, sich kritisch mit Konsum, Werbung und «falschen» Vorbildern auseinander zu setzen. So bekommt es einen unschätzbaren Schutz mit auf seinen Weg. Zusätzlich ersparen Sie sich jede Menge Ermahnungen, Ärger, Aufforderungen und Erklärungen, wenn Sie das Verhalten, das Sie sich von Ihrem Kind wünschen, wie selbstverständlich vorleben. Um aufrichtig Bilanz zu ziehen, ist es hilfreich, einmal eine Woche lang den eigenen Konsum von Suchtmitteln zu protokollieren.

- Wie oft – und vor allem in welchen Situationen – trinken Sie Alkohol?
- In welchen Situationen und wie häufig nehmen Sie Schmerz- oder Beruhigungsmittel?
- Wie viele Zigaretten pro Tag rauchen Sie, und wann?
- Wie oft und wann putschen Sie sich mit Kaffee auf?
- Wie groß ist der Fernsehkonsum der Familie und der einzelnen Mitglieder?

Damit gewinnen Sie ein klares Bild über Ihren eigenen Umgang mit psychoaktiven Substanzen und können erkennen, was für ein Vorbild Sie für Ihr Kind sind. Am besten führen Sie diese Liste gemeinsam mit Ihrem Partner, gehen sie am Ende der Woche gemeinsam durch und beantworten folgende Fragen:

- Trinken Sie regelmäßig größere Mengen Alkohol?
- Sieht Ihr Kind Sie fast ständig mit brennender Zigarette?
- Hat Ihr Kind Sie oder Ihren Partner schon betrunken erlebt? (Kinder reagieren darauf mit großem Erschrecken und das Erlebnis hinterlässt einen nachhaltigen Eindruck.)
- Äußern Sie sich gelegentlich oder sogar oft dazu, dass Sie eine psychoaktive Substanz für einen ganz bestimmten Zweck benötigen? («Ich hatte heute so viel Ärger im Büro, ich brauch jetzt erst mal ein Bier, um mich zu beruhigen.»)

Gegen den mäßigen kontrollierten Konsum von Genussmitteln mit psychoaktiven Substanzen ist nichts einzuwenden. Es wäre sogar wünschenswert, dass auch Heranwachsende ab dem 16. Lebensjahr dazu in der Lage sind. Kritisch wird der Konsum psychoaktiver Stoffe jedoch, wenn er schädlich und riskant wird und zur Abhängigkeit führt, wenn Sie konsumieren, um bestimmte angenehme Zustände zu erreichen, und wenn der Stoff zum einzigen Mittel dazu wird. Es spricht nichts dagegen, die Geselligkeit, das Abschalten und Entspannen mit einem Glas Wein zu unterstützen. Problematisch wird es nur dann, wenn das immer geschieht und zur einzigen Möglichkeit wird, Probleme zu lösen.

Kinder lernen sehr schnell, diese Art von Bewältigungsmechanismen zu übernehmen. Außerdem scheint auf diese Weise alles ungeheuer einfach zu sein: Sie trinken einfach einen Schluck, und schon ist der Ärger im Büro vergessen. Auf Dauer ist dies ein sehr riskanter Weg.

Der Konsum von Zigaretten ist auf dreifache Weise gefährlich. Erstens wird das Kind schon vor der Geburt durch den Zigarettenkonsum der Mutter geschädigt. Später wird er dann zum Modell, dass man sich durch das Rauchen ganz schnell entspannen oder konzentrieren kann. Rauchen ist aber auch aus einem dritten Grund gefährlich: Etliche Studien ergaben, dass Jugendliche, die früh mit dem Zigarettenkonsum begannen, eher zum Missbrauch illegaler Drogen neigen.

Wollen Sie die Suchtvorbeugung für Ihr Kind unterstützen und gleichzeitig auch etwas Gutes für Ihre Gesundheit tun, so ist es sicherlich am besten, das Rauchen ganz aufzugeben oder aber auf höchstens fünf Zigaretten pro Tag zu beschränken.

Im Leben eines jeden Menschen gibt es Situationen, in denen uns Schmerzen zu sehr belasten, Lebensprobleme im Moment zu aufwühlend sind oder wir einfach keinen Schlaf finden. In diesen Momenten auf ein Hilfsmittel zurückzugreifen, das die Schmerzen lindert, uns beruhigt oder anregt, ist sicher legitim. Allerdings nur, wenn das kurzfristig gelegentlich geschieht und sich auf wenige Tage im Jahr beschränkt. Werden Medikamente zielgerichtet zur dauerhaften Lösung problematischer Situationen verwendet, liegt eine Abhängigkeit vor.

Letztendlich muss jeder Erwachsene für sich selbst entscheiden, wie er mit Suchtmitteln umgeht. Doch lebt er mit Kindern zusammen, wird die Art seines Konsums immer ein Vorbild für diese sein, er trägt also die Verantwortung. Der Erwachsene sollte durch sein Beispiel zeigen, dass man auch mäßig und genussvoll mit diesen Stoffen umgehen kann, dass sie nicht zielgerichtet zur Lösung von Problemen eingesetzt werden, sondern als Genussmittel bei einem guten Essen oder einer Feier ihren Platz haben.

Der rote Faden in der Erziehung

In der Erziehung haben wir es mit lauter verschiedenen Persönlichkeiten zu tun. Menschen sind einmalige, unvertauschbare Geschöpfe mit unterschiedlichen Neigungen, Fähigkeiten und Charaktermerkmalen. In unserem Kulturkreis wird die Einmaligkeit eines jeden Menschen als hohes Gut eingestuft (die Würde des Menschen ist unantastbar). Nur in totalitären Systemen werden Vorbilder, oder besser Idole, als Muster für eine Typenprägung herangezogen. Was dabei herauskommen kann, hat uns die Geschichte gelehrt. Der Regensburger Bischof Johann Michael Sailer, der auch ein großer Pädagoge war, hat einmal gesagt: «Du sollst nie Ich werden, spricht der weise Erzieher, werde nur ein komplettes Du!»

Der Weg dahin, als Persönlichkeit komplett zu werden, ist lang. Manchmal steht man sich dabei selbst im Wege. Das Nachahmen eines Vorbilds spielt, wie wir wissen, eine große Rolle. Es ist nicht bedenklich, wenn Kinder etwas tun oder lassen, um sich die Liebe der Eltern zu erhalten. Auch Erwachsene richten ihr Verhalten hin und wieder nach einem Blick auf geschätzte Menschen aus. Aber irgendwann sollte dieses Stadium verlassen werden. Ein Jugendlicher kann nicht nur deshalb etwas tun oder lassen, weil die Eltern es auch so tun. Wir müssen also in unserer Entwicklung dahin kommen, dass wir uns von sachlichen, ganz persönlichen Erwägungen bei einer Entscheidung leiten lassen und nicht beim Nachahmen des elterlichen Verhaltens stehen bleiben. Zur Bindung an die Person muss die Bindung an die Wahrheit treten. Nur so kann ein Mensch ein selbständiges, eigenverantwortliches Leben führen.

Mag es anfangs die Person sein, der ein Kind nacheifert, so muss diese im Laufe der Entwicklung, mit zunehmender Selbständigkeit im Denken und Handeln, in den Hintergrund treten. Die Einsicht in die Sinnhaftigkeit und die Vernünftigkeit der Gründe sollten die Entscheidungen jetzt leiten. Die Gründe und die Argumente müssen nun überzeugen. Für das kleine Kind ist eine Aussage noch wahr, weil Mama es gesagt hat. Das ändert sich spätestens, wenn Kinder anfangen, die berühmten Warum-Fragen zu stellen. Diese sind ein Ausdruck dafür, dass sich das Kind von der Person weg und mehr dem sachgerechten Denken zuwendet. Das bedeutet nicht, dass das Vorbild nun plötzlich an «Wert» verliert. Es bleibt weiterhin geachtet und geschätzt, nun aber wegen der Überzeugungskraft seiner Gründe und Argumente. Der heranwachsende Mensch hat gelernt, dass Personen und Argumente verschiedene Dinge sind, und ist nun auf dem Wege in die Selbständigkeit und Mündigkeit. Für Eltern ist dieses «Abnabeln» manchmal schmerzlich. Sie wollen ihr Kind festhalten, es weiterhin beschützen. Aber so kann es nicht selbständig und verantwortlich seinen eigenen Weg finden. Der rote Faden in der Erziehung ist also zunächst: vormachen, zeigen, vorleben und verdeutlichen, was man für richtig und gut hält. Im Laufe der Entwicklung des Kindes gilt es aber immer mehr zu erklären und zu begründen. Der Erziehungsprozess nimmt dem Heranwachsenden das Denken nicht ab, sondern sollte es ihm wirklich zumuten. Das ist nicht immer einfach. Oftmals ist es viel bequemer, die anderen entscheiden zu lassen, wo es langgeht.

Aber Selbstbestimmung ist ein sehr hohes Ziel, das in der Realität kaum vollkommen erreicht werden kann. Wir stoßen nicht nur bei heranwachsenden jungen Menschen auf Grenzen, sondern auch bei uns selbst. Die Möglichkeit, im Leben zu scheitern, ist die eine Seite der Medaille – in Freiheit zu handeln, die andere. Erziehung kann nur von der

Hoffnung geleitet sein, dass sich Kinder dem Zuspruch der Eltern gegenüber öffnen und sich mit den Aufgaben auseinander setzen, um ihre ureigenen Lösungen dafür zu finden.

Erziehung bewegt sich zwischen Führen und Wachsenlassen. Und es ist die schöne und zugleich schwere Aufgabe von uns Erwachsenen, zu entscheiden, wann die Zügel angezogen werden müssen und wann sie locker gehalten werden sollten. Das letzte Ziel ist es jedoch, sie ganz aus der Hand zu geben. In die Hände unserer Kinder, die dann gelernt haben sollten, sich selbst zu führen. Die Pädagogin Maria Montessori fasst die Erziehung in ein Motto und lässt ein Kind sagen: «Hilf mir, es selbst zu tun!»

Grenzen setzen und eingreifen, wo es nötig wird

Kein Mensch kann ohne Grenzen leben. Grenzen geben Schutz. Ohne sie kann es für den einzelnen Menschen keine Autonomie geben. Grenzen schützen uns vor den Übergriffen anderer Menschen und helfen uns dabei, unsere Rechte gegenüber anderen zu wahren.

Damit Kinder sich im Leben zurechtfinden, brauchen sie von Anfang an Grenzen. Ein Kind wird unsicher und findet keine Orientierung, wenn es nie Widerstand spürt und das Gefühl hat, ständig «in Watte» zu laufen. Oft steigert es sein Verhalten ins Maßlose, oft zum eigenen Erschrecken, nur um endlich mal auf ein «Halt!» zu stoßen. Grenzenlose Räume verunsichern und ängstigen ein Kind. Und das wäre keine gute Grundlage, um sich gegen spätere Abhängigkeit zu wappnen. Grenzenlose Räume machen es für das Kind schwierig, den Unterschied zwischen seinem eigenen Ich und der Außenwelt zu erfahren. Werden Grenzen dagegen sinnvoll gebraucht und für das Kind verständlich begründet, dann fördern sie Selbstbewusstsein und Verantwortungsgefühl. Kinder, die in Familien aufwachsen, wo es kaum Abgrenzungen gibt, leben mit einem erhöhten Risiko, später in eine Abhängigkeit zu geraten. Statt frei zu sein, wie die Eltern es sich wünschten, geraten sie unter die Knechtschaft eines Stoffes. Andere und anderes bestimmen nun über ihr Leben.

Kindern Grenzen zu setzen vermittelt ihnen nicht nur Sicherheit, sondern auch das Gefühl, dass sie ihren Eltern wichtig sind, dass diese sich um sie sorgen und Gedanken machen. Aber auch die Grenzen zwischen Eltern und Kindern sind wichtig. Eltern haben ein Recht auf ein eigenes Leben, auf Schlaf, auf Ruhe, auf Entspannung, Sexualität und den Respekt vor ihrem persönlichen Eigentum. Eltern dürfen sich von ihren Kindern nicht alles gefallen lassen, ohne ihnen Einhalt zu gebieten. Denn das würde dazu führen, dass sie innerlich eine ablehnende Haltung ihren Kindern gegenüber entwickeln. Grenzen zu setzen heißt nicht, öfter Nein zu sagen. Das «Nein» sollte sparsam eingesetzt werden, aber dann auch so gemeint sein. Grenzen zu setzen fordert von dem Erwachsenen eine eigene, klare Position zu beziehen, diese auch verständlich zu begründen und darauf zu achten, dass sie akzeptiert wird. Belehrungen oder schulmeisterliche Reden taugen dabei nichts. Damit zeigt man dem Kind nur, dass man ihm nichts zutraut.

Kinder brauchen viele Erfahrungen und Informationen, damit sie lernen können, sich und die Welt zu verstehen. Dazu gehört auch, dass sie eigene Entscheidungen – in einem abgesteckten Rahmen – machen und dabei auch aus eigenen Fehlern lernen dürfen. Solange die Entscheidungen der Kinder nicht lebensgefährlich oder moralisch bedenklich sind, sollten sie die Verantwortung dafür selbst übernehmen.

Nur so können sie Schritt für Schritt ihr Selbstvertrauen aufbauen und sich zu einem verantwortungsvollen Erwachsenen entwickeln, der stark genug ist, dem Sog von Drogen und dem abhängig machenden Konsum von Genussmitteln zu widerstehen.

Der Ruf nach Grenzsetzungen in der Erziehung ist kein Verrat an freiheitlichen Erziehungsidealen. Gefährdet wird die Freiheit eher durch «grenzenlose» Möglichkeit, auch des Konsums. Und der kann in die Abhängigkeit und damit zur Unfreiheit führen. Die Schwierigkeit der Grenzsetzung und des Eingreifens, «da, wo es nötig wird», liegt in der persönlichen Haltung des Erwachsenen begründet, nicht etwa am Mangel des eigenen Willens oder fehlender Ratgeber. Grenzsetzung kann nur dort geschehen, wo:

- Offenheit und Ehrlichkeit besteht, sich selbst und dem Kind gegenüber,
- unbedingte Annahme seiner selbst und des Kindes vorhanden ist,
- einfühlsame Aufmerksamkeit auf sich selbst und den anderen herrscht,
- die Bereitschaft besteht, eigene Gefühle und die des Kindes zuzulassen.

Grenzen sinnvoll zu setzen ist eine Gratwanderung. Auf der einen Seite muss das Kind frei sein, damit es wachsen kann, auf der anderen Seite braucht es Orientierung, und das schließt die Grenzsetzung mit ein.

Wenn wir alles erlauben, wird die Willenskraft geschwächt. Wenn wir den Gelüsten grenzenlos nachgeben, werden sie vergiftet. Wir stehen also zwischen den beiden Positionen «Mach, was du willst» und «Ich tue, ich kaufe, ich gebe dir alles, was du magst, aber fordere nur das, was ich dir geben, kaufen und für dich tun kann».

Schwierigkeiten bei Regelvereinbarungen können sich da ergeben, wo ein freiheitlich-demokratischer Erziehungsstil mit Gleichgültigkeit verwechselt wird. Wo Nachgiebigkeit gegenüber beliebigen Kinderwünschen nur das Erwachsenenverhalten abbildet, das alle Konsumangebote gierig aufgreift, im Trend sein will und alles mitmacht.

Neben dieser gleichgültigen Form der Nachgiebigkeit gibt es allerdings auch die wohlmeinende Variante. Dabei will man das Kind auf keinen Fall bestimmend und einengend erziehen, oftmals mit dem Zusatz «so wie meine Eltern es bei mir machten». Das führt aber oft dazu, dass Eltern bemüht sind, ihren Kindern ständig aufmerksam zuzuhören, dass Kinder das Recht haben, in die Gespräche der Erwachsenen störend einzugreifen, und Eltern ihr Recht selbstverschuldet verlieren, in Ruhe ihre Zeitung zu lesen.

Wer Kinder an der Planung von gemeinsamen Familienaktivitäten beteiligt und dabei ihre Bedürfnisse berücksichtigt, der hat auch das Recht, einmal etwas für sich ganz allein zu unternehmen. Wer selbst nicht allen Verlockungen der Konsum-, Genuss- und Fun-Welt erliegt, hat auch das Recht, unangemessene Konsumwünsche der Kinder hier und dort begründet abzuweisen.

Kinder brauchen Grenzen, weil sich dadurch wichtige Spielräume eröffnen, in denen sie sich erproben, entwickeln und Identität gewinnen können. Kinder verlangen geradezu nach Grenzen, nach Orientierung, nach Aufforderungen, nach Halt, der ihnen Geborgenheit gibt, an dem sie sich dann aber auch reiben können, um sich in der Auseinandersetzung mit uns Erwachsenen weiterentwickeln zu können.

Grenzüberschreitungen oder Provokationen können deshalb auch leise oder laute Schreie nach Orientierung sein. Appelle an uns Erwachsene, uns endlich selbst als erwachsen zu zeigen, nicht nur eigene Unsicherheiten zu überspielen oder von Kindern eine Sicherheit zu erwarten, die wir selbst nicht in uns spüren. Viele Verhaltensauffälligkeiten von Kindern und Jugendlichen gehen auf dieses Konto. Sie fordern uns durch ihr Verhalten auf, dass wir genauer hinsehen und hinhören.

Aber wie kommen wir dem, was hinter dem Verhalten steht, auf die Spur? Ganz sicher nicht durch Warum-Fragen, eher durch aufmerksames Zuhören und einfühlsame Gespräche. Warum-Fragen lösen in diesem Fall eher Widerstand aus. Sie führen entweder dazu, dass sich das Kind scheinbar angepasst in sein Schneckenhaus zurückzieht oder dass es zu einem Machtkampf kommt, der durch wechselseitige seelische Verletzungen und Rachegefühle in Gang gehalten wird. Hilfreicher ist es, sich zu überlegen, was das Kind durch sein Verhalten unbewusst mitteilen möchte und was es durch sein Verhalten bei den Eltern erreicht. Muss ich erst von meinem Kind provoziert werden, um meine eigene Welt für einen Augenblick zu verlassen und mich dem Kind zuzuwenden? Aber vielleicht ist meine zur Schau getragene Gelassenheit vom Kind schon längst enttarnt worden, und es will mich jetzt in den Spiegel blicken lassen, damit ich mich selbst ein Stück besser erkenne. Ein weiterer Grund für grenzüberschreitendes Verhalten kann aber auch sein, dass das Kind signalisieren will: Es ist höchste Zeit, mir mehr Spielraum und Verantwortung zu überlassen! Eine generelle Antwort gibt es nicht, aber eben diese Beispiele möglicher Suchrichtungen.

Das Suchen setzt allerdings voraus, dass wir uns unvoreingenommen selbst befragen und ebenso unvoreingenommen in Dialog mit dem Kind treten.

Regeln und Grenzen erleichtern nicht nur das Zusammenleben zwischen Eltern und Kinder, sondern sie machen auch deutlich, dass dieses Zusammenleben niemals reibungslos ablaufen kann. Ein überzogenes Harmoniebedürfnis führt nur dazu, dass Konflikte möglichst schnell aus der Welt geräumt und artig zugedeckt werden. Das ist genauso fatal wie das autoritäre Dogma einmal festgelegter Regeln.

Konflikte lösen – wichtige Spielregeln

- Konflikte sollten dann ausgetragen werden, wenn eine Auseinandersetzung ohne Hektik und Zeitdruck möglich ist. Also prüfen Sie, ob Ort, Zeit und Rahmen geeignet sind, eine angemessene Lösung zu finden.
- Der Streitpunkt sollte so präzise wie möglich benannt werden. Worum geht es wirklich? Haben alle Beteiligten das Gefühl, dass ihr Problem angesprochen wird? Niemand der Beteiligten sollte das Gefühl haben, dass auf seine Bedürfnisse nicht eingegangen wird.
- Jeder spricht nur für sich selbst. Dabei ist wichtig, was die Kinder wirklich meinen – und nicht, was die Eltern herauszuhören meinen. Wenn Eltern etwas nicht verstehen, sollten sie nachfragen.
- Es gibt für ein Problem nicht nur eine Lösung. Entwickeln Sie gemeinsam mit den Kindern Alternativen. Nur wenn alle an der Lösungssuche beteiligt sind, fühlen sie sich auch an diese Lösung gebunden.
- Suchen Sie zusammen mit den Kindern aus den verschiedenen Vorschlägen die Lösung heraus, mit der sich alle einverstanden erklären können.
- Jeder muss mit darauf achten, dass der Lösungsvorschlag auch wirklich umgesetzt wird. Am besten werden sofort nach der Einigung die Aufgaben verteilt und festgelegt.
- Die Situation der Familie, und damit auch die Konflikte, verändert sich ständig. Vereinbaren Sie, alle gemeinsam nach einer gewissen Zeit den Erfolg der Konfliktlösung zu überprüfen und, falls es nötig ist, Nachbesserungen vorzunehmen.

Wirksam können Grenzen nur dann werden, wenn sie offen ausgesprochen, klar formuliert und verbindlich und konsequent eingehalten werden. Kinder sollten jedoch beim Aushandeln der Grenzen nach dem Grad ihrer Verantwortungsfähigkeit und -bereitschaft beteiligt werden. Dieser Grad ist abhängig von Alter und Situation. Klarheit, Verbindlichkeit und Konsequenz sind altersunabhängig und durchaus nichts Abstraktes. Sie drücken sich aus in unserer Sprachformulierung, Mimik, Gestik und Haltung und verraten sehr genau, wie wichtig uns die Einhaltung einer bestimmten Regel wirklich ist.

Auf eine Grenzverletzung vonseiten des Kindes können wir in unterschiedlichen Abstufungen reagieren. Manchmal genügt es schon, die Absicht des Kindes einfach verstehend anzusprechen, um eine Regelverletzung abzuwenden, z. B.: «Am schönsten wäre es wohl, gleich loszuziehen, ohne beim Abräumen zu helfen?», oder: «Du würdest wohl gerne noch ein wenig Nachtwandler spielen, statt dich fürs Bett fertig zu machen?»

Das mag vereinzelt klappen, aber was ist, wenn das Kind nach dem letzten Gutenachtkuss plötzlich unvermittelt im Wohnzimmer steht? Nun muss die vereinbarte Regel klar ausgesprochen werden: «Wir haben ausgemacht, nach dem Gutenachtkuss ist Schluss, ab ins Bett.»

Auch Rituale geben dem Kind Sicherheit und Geborgenheit. Sie können sich jedoch nicht ausbilden, wenn wir die einmal abgesprochene Regel immer wieder zur Debatte stellen oder – aus welchen gut gemeinten Gründen auch immer – hin und wieder selbst brechen. Ein Ritual zu bilden fordert den Erwachsenen heraus. Das abendliche Ritual kann darin bestehen, eine Geschichte vorzulesen, die Tagesereignisse noch einmal kurz zu benennen (was war besonders schön), ein Lied zu singen oder eine Entspannungsübung zu machen. Und wenn das Kind trotzdem hinterher im Wohnzimmer auftaucht? Dann sollten wir es freundlich, aber bestimmt bei der Hand nehmen, zum Bett zurückbegleiten und wieder hineinlegen. Handeln ist oft effektiver als Reden. Ein Jammerdialog bietet dem Kind keine Orientierung, sondern wird irgendwann zur Geräuschkulisse, die über kurz oder lang nicht mehr beachtet wird.

Ob das Kind uns als konsequente Persönlichkeit akzeptiert, hängt nicht nur davon ab, ob wir angekündigte negative Konsequenzen einhalten, sondern auch davon, ob wir generell getroffene Vereinbarungen und Versprechen einhalten und das Bemühen der Kinder, sich an die Spielregeln zu halten, ebenso aufmerksam wahrnehmen und mit Lob unterstützen, wie wir auf die Einhaltung der Absprachen achten. Loben sollten wir genauso konsequent wie kritisieren.

Konsequenz wird manchmal mit Bestrafung verwechselt. Bestrafung mag vielleicht kurzfristig erfolgreich sein, ermöglicht dem Kind aber keine Einsicht in ein Fehlverhalten und stört eine offene Beziehung zwischen Kind und Eltern. Im positiven Sinne bedeutet Konsequenz auch, dass ein Kind die natürliche Konsequenz einer Grenzüberschreitung am eigenen Leibe erfährt. Wenn z. B. die Wäsche, die nicht wie vereinbart im Wäschekorb landet, auch nicht mitgewaschen wird, gibt es am Mittwoch für das Training eben keine frisch gewaschene Sportkleidung. Konsequenz kann aber auch bedeuten, eine einmal getroffene Regel auf aktuelle Angemessenheit gemeinsam zu überprüfen und eventuell zu einer neuen Vereinbarung zu kommen. Grenzsetzungen erfordern ein tastendes Vorgehen und können nicht ein für alle Mal bürokratisch festgelegt werden. Je nach Alter der Kinder verändern sich auch die notwendigen Grenzen. Hilfreich für beide Seiten ist es, sich bei der Vereinbarung von Regeln nicht nur auf sachliche Argumente zu beschränken, sondern auch die jeweiligen Motive, Bedürfnisse und Gefühle offen darzulegen. Das bedeutet, dass wir unsere Angst oder unsere Sorge offen benennen.

Ein besorgter Vater sagt zu seinem Sohn: «Du bleibst höchstens bis halb elf auf der Party. Danach fährt kein Bus mehr.» Aus dieser Botschaft kann nicht die Sorge entschlüsselt werden, die dahinter liegt, sondern eher der Anspruch, dass der Vater bestimmt, wann der Sohn nach Hause kommt. Dadurch lädt diese Aussage eher dazu ein, die Autorität des Vaters durch bewusstes Zuspätkommen auf die Probe zu stellen. Viel besser wäre die ehrliche Aussage: «Ich wäre sehr erleichtert, wenn ich wüsste, du bleibst höchstens bis halb elf, um den letzten Bus noch zu erwischen.»

Eigene Gefühle anzusprechen ist kein billiger Erziehungstrick. Kinder und Jugendliche nehmen sehr sensibel wahr, ob das Gesagte mit den Gefühlen wirklich übereinstimmt.

Durch Grenzsetzung lernt das Kind, dass es Respekt vor seinen Mitmenschen haben sollte. Es lernt, Verantwortungsgefühl und Gemeinschaftssinn zu entwickeln und sich auf die Integration in eine Gesellschaft vorzubereiten, die oftmals sogar im Widerspruch zu diesen Werten steht. Gefordert wird das Aushalten dieser Widersprüche und die Bemühung, gerechte, angemessene Lösungen zu finden.

Eine der Begründungen, die für die Grenzsetzung sprechen und von jedem Erwachsenen akzeptiert wird, ist der Schutz der eigenen Person. Der vierjährige Tobias, der mit seinem Dreirad auf eine verkehrsreiche Straße zusteuert, wird von seiner Mutter zurückgehalten. Die sechsjährige Michaela kann noch nicht schwimmen, und ihre Eltern haben ihr verboten, sich über die Markierung des Nichtschwimmerbeckens hinauszubewegen. Auch wenn diese Beispiele allgemein einsichtig sind, müssen wir als Eltern uns trotzdem bei jeder Regelvereinbarung Folgendes fragen:

1. Ist mein Vorgehen altersgerecht?

Lasse ich mein Kind tun, was es schon selbst tun kann, ermutige ich sein Bemühen, seine eigenen Grenzen schrittweise selbst auszuweiten und dazuzulernen?

2. Handle ich sachgemäß?

Erfordert die Situation wirklich eine Grenzsetzung oder geht es mir nur darum, zu beweisen, dass ich der / die Stärkere bin? Ist mir bewusst, welche Werte und Normen in meinem grenzziehenden Verhalten stecken? Halten diese Werte und Normen einer kritischen Überprüfung stand? Inwieweit stimmen sie mit meinem eigenen Verhalten überein?

3. Entsprechen meine Motive und Gefühle der augenblicklich benötigten Grenzsetzung?

Bin ich z. B. von Natur her überängstlich und mache meine Angst unbetrachtet zu einer Grenze für das Kind? Setze ich eine Grenze, weil ich mich im Moment nur ärgere, enttäuscht vom Kind bin oder mich gerade überfordert fühle?

Es gibt Grenzen, oder besser gesagt Erziehungspraktiken, die schädlich sind, weil sie Kinder in ihrer kognitiven und emotionalen Entwicklung behindern, die Ausbildung von Selbstwertgefühl und Ich-Identität nicht zulassen und mit großer sozialer Angst verbunden sind. Dazu gehört die Missachtung physischer Grenzen des Kindes in Form von sexuellem Missbrauch. Dazu gehören auch körperliche Gewaltanwendung als Erziehungsmittel und die andauernde seelische Erniedrigung des Kindes durch emotionale Leere, Liebesentzug, Abweisung oder Über- und Unterforderung.

Es wird immer Situationen geben, wo wir als Eltern nicht richtig reagieren. Auch Eltern dürfen Fehler machen, was besonders in Stresssituationen passieren kann. Ich darf auch mal ausrasten oder nicht den richtigen Ton finden, weil mir der Geduldsfaden gerissen ist. Das gilt übrigens für beide Seiten. Ich kann eine Entschuldigung erwarten, wenn ich als Erwachsener selbst auch zu meinem Fehlverhalten stehe und mich bei meinem Kind entschuldige.

Eltern sind Menschen und keine Gottheiten. Sie sollten auch nicht vorgeben, das Kind so, wie es sich gerade zeigt, anzunehmen, wenn sie es nicht so empfinden. Obwohl Kinder das anders natürlich viel lieber haben, können sie die negativen Empfindungen ihrer Eltern doch konstruktiv verarbeiten, wenn diese unmissverständliche und ehrliche Botschaften senden, die ihren wahren Empfindungen entsprechen.

Es gibt auch Grenzen, die Kinder keineswegs benötigen. Als Erwachsene sind wir auch dazu aufgefordert, an der Aufhebung von Begrenzungen mitzuwirken, die eine gesunde Entwicklung unserer Kinder behindern. Das können verschiedene Benachteiligungen, besonders für Kinder aus einkommensschwachen Haushalten, sein. Das sind Bewegungsgrenzen, wo Kindern zugunsten vermeintlicher Mobilität Raum genommen wird, den wir ihnen eben nicht dadurch ersetzen, dass wir sie in Blechkisten durch zubetoniertes Gelände transportieren. Und das sind Phantasiegrenzen, wenn wir unsere Kinder einer geisttötenden Einfalt überlassen – nicht nur vor dem Bildschirm – und sie auf der anderen Seite bis zur Erschöpfung durch eine Vielfalt vorbereiteter Aktivitäten treiben.

Was wir auch nicht brauchen, sind die Grenzen unserer eigenen Vorstellungskraft, wo wir wider besseres Wissen an den Leitmotiven grenzenlosen Wachstums, grenzenlosen Konsums, grenzenloser Selbstverwirklichung festhalten.

Wo wir private oder auch öffentliche Grenzen errichten, die nicht zu rechtfertigen sind, bereiten wir gleichzeitig auch Grenzverletzungen vor. Das richtet an uns alle die Frage: Wo verletzen wir, wo sind wir gleichgültig und wo sind wir maßlos?

Wie können Eltern ihrem abhängigen Kind und sich selbst helfen?

Vielleicht haben Sie gerade erst entdeckt, dass Ihr Kind abhängig ist. Vielleicht ahnten Sie es aber bereits und wollten es einfach noch nicht wahrhaben. Vielleicht ist der schädliche Konsum von psychoaktiven Substanzen Ihres Kindes inzwischen so offensichtlich, dass Sie nicht mehr die Augen davor verschließen können.

Zunächst einmal: keine Panik! Durch Ihr Verhalten können Sie mit dazu beitragen, dass die Situation verschlimmert oder aber auch verbessert wird. Ein Jugendlicher, der Drogen nimmt, fällt früher oder später durch die Veränderung seiner Persönlichkeit auf. Sein Wesen, sein Verhalten und der gesamte Ablauf seines Tages sind von den Veränderungen betroffen. Wie früh Eltern erkennen, dass ihr Kind abhängig ist, hängt von den Lebensumständen ab. Wohnt der Jugendliche noch zu Hause, werden sie es früher erkennen, als wenn er schon eine eigene Wohnung hat. Es hängt auch davon ab, welcher Stoff in welcher Menge konsumiert wird. Ein seltener Haschischkonsum ist weniger auffällig als regelmäßiger Heroingebrauch, da der Jugendliche hohe Geldmengen dafür benötigt und die ständige Suche nach neuem Stoff den üblichen Tagesablauf recht bald zum Einstürzen bringt. Die Früherkennung einer Sucht hängt aber auch davon ab, wie viel Zeit Eltern für ihr Kind aufbringen und wie aufmerksam sie an seinem Leben teilnehmen.

Viele Merkmale einer sonst ganz normalen pubertären Entwicklung können auch ein Hinweis auf eine Suchtgefährdung oder einen bereits akuten Suchtmittelmissbrauch sein, z. B. plötzlich abfallende Leistungen in der Schule, der Rückzug von gemeinsamen Familienaktivitäten oder große Stimmungsschwankungen zwischen Aggressivität und Vertrautheit, die ohne erkennbaren Anlass auftreten. Oftmals haben Eltern auch das Gefühl, sie kommen nicht mehr an ihr Kind heran. Es lebt in einer anderen Welt und spricht nicht mehr mit den Eltern. Ein alarmierendes Zeichen ist, wenn das Kind plötzlich keine Freundinnen und Freunde mehr findet oder langjährige Freundschaften ganz plötzlich abbricht. Wenn es einsam wirkt, antriebsarm, nichts mehr von allein beginnt oder öfter sagt, dass es etwas nicht kann.

Am Anfang können das alles auch Hinweise darauf sein, dass der Jugendliche mit den vielfältigen Anforderungen des täglichen Lebens nicht mehr zurechtkommt. Oder dass er für seine Probleme in der Familie nicht genügend Rückhalt findet. Solche schwierigen Situationen können in die Abhängigkeit von psychoaktiven Substanzen führen und sollten daher sehr ernst genommen werden.

Bei folgenden Punkten werden Ihnen früher oder später Veränderungen bei Ihrem Kind auffallen:

- **Veränderungen der Persönlichkeit**
  Ob ein Abhängiger eher euphorisch oder eher depressiver wird, hängt sehr stark von dem Stoff ab, der konsumiert wird, aber auch von der Persönlichkeit. Auf jeden Fall können Sie beobachten, dass sich das Wesen des Jugendlichen verändert und es zu häufigen Stimmungsschwankungen kommt. Eine körperliche und / oder psychische Abhängigkeit erfordert den regelmäßigen Konsum des Stoffes. Da dies aber keinem Abhängigen gelingt, kommt es zu Entzugserscheinungen, die so lange andauern, bis es neuen Stoff gibt. Der Abhängige ist nervös, ungeduldig, aggressiv und sehr unruhig. Steht das Kind direkt unter Drogeneinfluss, werden Sie die Veränderungen besser erkennen. Nimmt es beruhigend wirkende Stoffe, so werden Sie es eher euphorisch, aber in sich gekehrt und gegenüber äußeren Einflüssen gleichgültig erleben. Bei aufputschenden Substanzen, wie etwa Kokain, reagiert der Jugendliche hellwach und überaus sensibel gegenüber seiner Umwelt. Er wirkt zwar auch entrückt, aber nicht in eine innere Welt, sondern in eine Außenwelt, zu der Sie keinen Zu-

gang haben. Unübersehbar sind die extremen Persönlichkeitsveränderungen in den Situationen, in denen der Jugendliche seinen Stoff braucht, also Entzugserscheinungen hat, und der Situation, in der er gerade die Substanz genommen hat.

- **Impulsivität**
  Wird das Verhalten des Jugendlichen immer unberechenbarer und kommt es zu häufigen, völlig unangemessenen Reaktionen, kann dies ein Hinweis auf missbräuchlichen, abhängigen Konsum von psychoaktiven Substanzen sein. Der Jugendliche kommt mit dem realen Leben nicht mehr zurecht, er hat den Bezug zur Realität verloren. Die Reaktionen fallen sehr unterschiedlich aus. Sie reichen von aggressivem Verhalten bis hin zum depressiven Rückzug aus der Welt.

- **Konzentrationsstörungen**
  Konzentrationsstörungen treten besonders in Entzugssituationen auf. Das Kind kann nicht mehr aufmerksam zuhören, es bricht Gespräche ab, weiß nicht mehr, was gerade zuvor besprochen wurde, und wird den Anforderungen in der Schule oder am Ausbildungsplatz nicht mehr gerecht.

- **Schuldzuweisungen**
  Ein zentrales und auffälliges Merkmal bei Abhängigen ist die grundsätzliche Schuldzuweisung an Dritte. Schuld an eigenen Problemen, am Versagen in der Schule etc. ist nicht etwa beim Jugendlichen selbst zu suchen, sondern grundsätzlich bei den Eltern, bei den miesen Familienverhältnissen, bei den Lehrern, dem Schulsystem oder generell bei der Gesellschaft. Dass der Jugendliche ständig knapp mit Geld ist, hat auch nichts damit zu tun, dass er mit Geld nicht richtig umgehen kann, sondern liegt daran, dass die Eltern zu wenig Taschengeld geben und so knauserig sind.

Übermäßiger Geldbedarf

Die Beschaffung von psychoaktiven Stoffen kostet viel Geld. Ein deutlicher Hinweis auf Abhängigkeit ist es, wenn Ihr Kind Sie ständig um Geld anbettelt oder auf mehr oder weniger legalem Wege Geld beschafft. Warum verkauft der Jugendliche plötzlich die heiß geliebte Stereoanlage unter Wert? Warum will er unbedingt sein Sparbuch selbst verwalten? Warum braucht er ständig Vorschüsse auf das Taschengeld, ohne dass dafür ersichtlich etwas angeschafft wird? Vielleicht werden Sie auch misstrauisch, weil plötzlich Geld in Ihrer Geldbörse fehlt oder wertvolle Dinge aus Ihrer Wohnung verschwunden sind.

Erpressung

Schreitet die Abhängigkeit weiter fort, wird sich die Beziehung zu Ihrem Kind grundlegend ändern. Sie werden als individuelle Person für den Heranwachsenden immer unwichtiger. Der Druck durch die Sucht wird so groß, dass Eltern nur noch daran gemessen werden, wie schnell und gegen welche Gegenleistung sie Geld herausrücken. Zuerst wird gehandelt, dann gedroht und erpresst: «Du bist schuld, wenn es mir schlecht geht!»

Irgendwann werden Sie sich fragen, ob dieses Wesen überhaupt noch Ihr Kind ist. Die Veränderungen der Persönlichkeit sind ein zentrales Merkmal der Drogenabhängigkeit. Der Heranwachsende kann gar nicht anders, die körperliche und psychische Abhängigkeit erzeugt eine Gier nach der Substanz, der alle familiären Beziehungen, jede Liebe und Zuneigung untergeordnet werden. In den Zeiten der Drogenfreiheit wird das von den Jugendlichen erkannt und auch meist zutiefst bedauert. Bei vielen Abhängigen entsteht die Ambivalenz der Gier auf den Stoff mit dem gleichzeitigen Wunsch, endlich davon frei zu werden. Diese Situation zu verstehen ist für viele Eltern nicht einfach. Vielleicht verstehen abhängige Raucher dies noch am besten. Auch sie versuchen immer wieder, an den Stoff heranzukommen, obwohl sie zwischen der Einsicht der Gefährlichkeit des Rauchens und der Gier danach hin und her gerissen werden. Dennoch ist die schwere Abhängigkeit von illegalen Drogen wie Heroin, die sämtlich zum Tode führen, für viele Erwachsene kaum nachvollziehbar.

- **Tagesablauf**
  Hinweise auf Abhängigkeit Ihres Kindes werden Sie im Tagesablauf, bei den sozialen Kontakten und im Auftreten bemerken. Die Schule wird zunehmend vernachlässigt, am Arbeitsplatz wird sich der Jugendliche immer häufiger krankmelden. Irgendwann wird es zum «Aus» in der Schule und bei der Arbeit kommen. Der ganze Lebensrhythmus richtet sich nur noch nach der Beschaffung und dem Konsum der Drogen. Alles wird darauf abgestellt. Gelingt die Beschaffung nur nachts, dann wird eben tagsüber geschlafen und abends «gelebt».

- **Freundschaften**
  Der Freundeskreis abhängiger Jugendlicher verändert sich. Mit der Zeit werden es immer weniger Freundinnen und Freunde. Zum Schluss bleibt nur noch der Kontakt zu wenigen ebenfalls Abhängigen, der Kontakt zu Nichtabhängigen wird dann ganz abbrechen.

- **Verwahrlosung**
  Irgendwann wird der abhängige Jugendliche beginnen, sein Äußeres zu vernachlässigen. Das gilt auch für die Körperpflege, die Kleidung und die Behandlung von Krankheiten, besonders im Zahnbereich. Heroinabhängige spüren bald keine Schmerzen mehr und ernähren sich dazu auch noch äußerst ungesund. Das Zimmer oder die Wohnung wird nicht mehr aufgeräumt oder geputzt und zeigt bald erhebliche Zeichen der Verwahrlosung. Der Abhängige wird häufig krank.

Treten mehrere dieser Veränderungen gleichzeitig auf, und zwar recht deutlich, dann können Sie sicher sein, dass Ihr Kind regelmäßig Drogen nimmt. Wenn Sie sich nicht sicher sind, wenden Sie sich erst an eine Drogenberatungsstelle, bevor Sie ein Gespräch mit Ihrem Kind führen. Machen Sie sich klar, dass an dieser Entwicklung weder Sie noch der abhängige Jugendliche «schuld» ist. Die Persönlichkeitsveränderungen sind die Folgen einer schweren körperlichen und psychischen Abhängigkeit. Es wäre völlig unsinnig, jetzt an die Vernunft oder Ähnliches zu appellieren. Ihr Kind ist selbst völlig verzweifelt und am Ende und kann in dieser Situation nicht anders handeln. Ab diesem Zeitpunkt gelten zwei Regeln für Sie, die unbedingt eingehalten werden müssen, wenn sich die Situation nicht noch verschlimmern soll.

1. **Unterstützen Sie niemals die Abhängigkeit Ihres Kindes!**
   Es gilt hier eine ganz klare Grenze zu ziehen. Sie sind für Ihr Kind da, aber geben Sie ihm niemals Geld für Drogen, erlauben Sie auch nicht die Lagerung oder den Konsum in Ihrer Wohnung. Für andere Abhängige ist Ihre Wohnung tabu. Unterstützen Sie nicht den häufigen Wechsel von Schulen oder Ausbildungsplätzen. Erfinden Sie keine entschuldigenden Ausreden am Telefon, wenn der Jugendliche morgens nicht hochkommt. In der Ablehnung der Drogen und von allem, was damit zu tun hat, müssen Sie jetzt ganz konsequent sein. Es genügt, wenn Sie das Ihrem Kind ein Mal klar machen und sich dann konsequent danach verhalten. Seien Sie bei diesem Gespräch nicht aggressiv. Denken Sie daran, dass weder Sie noch das Kind «schuld» sind. Zeigen Sie Ihrem Kind, dass Sie nach wie vor zu ihm halten und seine Bemühungen, von der Abhängigkeit loszukommen, unterstützen. Unterscheiden Sie in Ihrem Verhalten deutlich die Ablehnung der Abhängigkeit auf der einen Seite und die Unterstützung Ihres Kindes als Person. Gefragt sind jetzt Konsequenz und Liebe.

2. **Geben Sie sich selbst nicht auf!**
   Auch wenn es schwer fällt: Versuchen Sie Ihr Leben so weiterzuführen, dass Sie seelisch stabil bleiben. Erzwingen lässt sich in dieser Situation nichts, auch nicht der Ausstieg aus der Abhängigkeit. Sie können ihn nur geduldig und konsequent unterstützen. Bleiben Sie in Ihrem Beruf und geben Sie Ihre persönlichen Interessen nicht auf, um sich vielleicht mehr Ihrem abhängigen Kind zu widmen. Auch die anderen Familienmitglieder haben ein Anrecht auf ihr eigenes Leben. Nur wenn Sie und die anderen Familienmitglieder stark bleiben, können Sie Ihrem abhängigen Kind wirklich helfen. Leben Sie ein friedvolles, erfülltes Leben als Alternative zur Abhängigkeit vor.

Mein Kind ist abhängig – was nun?

Bestätigt sich Ihr Verdacht, dass Ihr Kind von psychoaktiven Stoffen abhängig ist, so lautet die erste Regel: keine Panik! Panisches Verhalten der Eltern kann die Kontaktmöglichkeit zum Jugendlichen zerstören. Gerade jetzt gilt es aber, den Kontakt aufrechtzuerhalten und das Vertrauen nicht zu verspielen.

- Sprechen Sie mit anderen Bezugspersonen Ihres Kindes. Das hilft, die Situation genau und richtig einschätzen zu können.
- Suchen Sie das direkte Gespräch mit Ihrem Kind. Ein Gespräch aufzuzwingen nützt allerdings gar nichts. Signalisieren Sie Ihre Gesprächsbereitschaft.
- Vielleicht hat ein Verwandter, Freund oder eine Lehrerin augenblicklich besseren Kontakt zu Ihrem Kind und kann das Gespräch führen.
- Seien Sie offen und ehrlich. Sprechen Sie über Ihre Sorgen und auch darüber, dass Sie mit anderen Menschen über das Problem gesprochen haben und sich auch weiterhin erkundigen werden.
- Verharmlosen Sie die Situation nicht, aber dramatisieren Sie das Problem auch nicht.
- Informieren Sie sich umfassend. Wenn Sie mit Ihrem Kind sprechen, sollten Sie über Sucht, Suchtmittel, aber auch über Beratungs- und Therapieangebote Bescheid wissen.

Sie werden nun viel Kraft brauchen, denn es wird immer wieder Rückschläge geben. Entgegen allen Versprechungen wird das Kind doch wieder Drogen nehmen, Ihnen Geld aus dem Portemonnaie stehlen oder die Schule schwänzen. Das ständige Auf und Ab von kleinen Fortschritten und größeren Rückfällen ist zermürbend, und oft bleibt keine Kraft mehr übrig. Jetzt ist es wichtig, dass Sie sich Ihrer Situation ganz bewusst sind und dass es Menschen gibt, denen Sie vertrauen und mit denen Sie reden können. Die Kraft, die Sie nun brauchen, ist nicht selbstverständlich vorhanden. Nur wenn es Ihnen einigermaßen gut geht, können Sie die Energie aufbringen, Ihrem abhängigen Kind zu helfen. Es ist ungeheuer schwer, positiv im Leben zu stehen, wenn das eigene Kind täglich Gefahr laufen könnte, eine Überdosis zu nehmen. Aber ohne psychische und körperliche Stabilität ist der Umgang mit einem abhängigen Kind kaum möglich. Wer einen Angehörigen mit einer lebensbedrohenden Krankheit pflegt, muss psychisch und körperlich stabil sein, um die Belastung auszuhalten.

Es gibt einige Möglichkeiten, wie Sie Ihre Stabilität und Belastbarkeit bewahren und stärken können, um so in der Lage zu sein, Ihrem abhängigen Kind zu helfen.

- **Distanzieren Sie sich vom Problem Ihres Kindes**
  Wenn Sie sich mit dem Problem und mit Ihrem Kind völlig identifizieren, verlieren Sie den Abstand dazu und sind nicht mehr in der Lage, wirklich zu helfen. Das ist zwar leicht gesagt, aber im täglichen Leben nicht immer einfach zu realisieren. Sie können Ihr Kind nicht vor Gefahren schützen, wenn Sie ständig gedanklich um sein Problem herumkreisen und vor lauter Beschäftigung mit dem Kind und seiner Abhängigkeit Ihr eigenes Leben vernachlässigen, soziale Kontakte aufgeben und die Beziehung zu Ihrem Partner gefährden. Auf Dauer ist das für alle Beteiligten nur zermürbend und kann neue Schwierigkeiten hervorrufen. Nur wenn wir Distanz zu einem Problem bewahren können, sind wir in der Lage zu helfen. Ein deutliches Anzeichen dafür, dass Sie die Distanz bereits verloren haben, ist, wenn Sie schon die Denkweise Ihres Kindes übernommen haben. Das heißt, wenn Sie auch der Meinung sind, die Gesellschaft ist schuld, die Schule oder der Lehrherr, die das Kind nicht mehr haben wollen, oder die Beratungsstellen, die auch nichts nützen. Durch den Distanzverlust und die Aufgabe des eigenen Lebens schaden Sie sich selbst und Ihrem Kind.

- **Nehmen Sie sich Zeit für eigene Interessen**
  Trotz aller Probleme sollten Sie sich Zeit für Schönes nehmen. Etwas, das Ihnen ganz persönlich Freude macht und wobei Sie wieder neue Energien tanken können. Geben Sie auf keinen Fall Ihre Hobbys auf oder Aktivitäten, die Sie vorher gern ausgeübt haben, sei es Kochen, Wandern, Schwimmen, Theaterbesuche oder die Lektüre eines guten

Buches. Das sollten Dinge sein, die Sie nicht nur für sich allein wählen, sondern auch hin und wieder mit Ihren Freundinnen, Freunden oder mit Ihrem Partner durchführen. Auf diese Weise verlieren Sie nicht den Boden unter den Füßen und bleiben in Kontakt mit dem beglückenden und Kraft spendenden Teil des Lebens. Das ist nicht so einfach, wie es sich anhört, aber enorm wichtig. Sie brauchen diese Zeiten nicht nur dringend zur Regenerierung Ihrer Kraft, sondern auch Ihrer Lebensfreude.

■ **Holen Sie sich Hilfe von Dritten**

Es gibt nicht nur Beratungsstellen, unterstützende Behörden, Verbände und Selbsthilfegruppen, sondern auch Elternkreise (siehe 5. Kapitel). Viele Eltern haben Ähnliches erlebt wie Sie. Durch die Unterstützung von dritter Seite erfahren Sie, was Sie tun können, wie Sie sich am besten verhalten und welche Strategien es gibt, die es Ihnen ermöglichen, Kraft und Energie zu bewahren. Denn nur wenn Sie genügend Kraft zum Leben haben und auch Freude daran, können Sie Ihrem Kind wirklich helfen. Die schwierige, oft langwierige Zeit der Abhängigkeit kann ohne Hilfe von Dritten kaum bewältigt werden. Sie brauchen Rat, Hinweise auf Behandlungsmöglichkeiten und vielleicht auch ab und zu jemand, der Ihnen hilft, wieder Distanz zu dem Problem zu gewinnen, damit rationales Handeln nicht verloren geht. Je früher Sie etwas unternehmen, desto größer sind die Chancen, das Problem in den Griff zu kriegen und weitere Schäden zu vermeiden. Das Netz der Beratungsstellen ist in Deutschland sehr gut ausgebaut. Adressen und Telefonnummern finden Sie in jedem Telefonbuch und in jeder Tageszeitung.

In den Beratungsstellen arbeiten speziell für Suchtprobleme ausgebildete Mitarbeiterinnen und Mitarbeiter. Manche dieser Beratungsstellen haben sich auf ganz bestimmte Abhängigkeiten spezialisiert. Meist arbeiten dort Sozialarbeiter, Psychologen und Ärzte. Sie können dort psychische Entlastung finden und Tipps bekommen, wie Sie mit verschiedenen kritischen Situationen im Alltag besser fertig werden können. Der nächste Schritt wäre dann, zu besprechen, was Sie dazu beitragen können, dass Ihr Kind selbst auch in eine Beratung geht. Eine Behandlung ist nämlich nur dann erfolgreich, wenn das Kind aus freien Stücken einwilligt. Manche Beratungsstellen bieten zusätzlich Einzel- oder Gruppentherapie an. Das kann hilfreich sein, wenn es durch das Zusammenleben mit einem abhängigen Kind zu massiven Partnerschaftsproblemen gekommen ist. Wichtig ist, dass Sie sich mit Ihrer Kontaktperson in der Beratungsstelle wohl fühlen. Nicht jeder und jede Ratsuchende hat den gleichen «guten Draht» zu den verschiedenen Therapeutinnen und Therapeuten. Wenn Sie sich während des Gesprächs verspannt und unwohl fühlen, bitten Sie den Leiter der Beratungsstelle um eine andere Kontaktperson oder wenden Sie sich an eine andere Stelle. Haben Sie den Mut dazu, denn es geht um Ihr Leben, um das Ihres Kindes und mitunter um das der gesamten Familie. Inzwischen gibt es ein dichtes Netz von Elternkreisen. Das sind Selbsthilfegruppen, in denen sich ausschließlich betroffene Eltern zusammengefunden haben. Gelegentlich hält ein Experte einen Vortrag zu einem bestimmten Thema oder gibt Hinweise und Informationen zu möglichen Behandlungen. In erster Linie geht es aber darum, sich auszutauschen und sich Hilfe zu geben, wie man am besten den Alltag mit einem abhängigen Kind meistert. Eigene Probleme werden oft im Spiegel anderer Erfahrungen sehr viel deutlicher und können besser bewältigt werden. Es lohnt sich auf jeden Fall, einen passenden Elternkreis zu suchen, in dem Sie sich wohl fühlen. Manchmal entwickeln sich unter Eltern Freundschaften, sodass man sich in schwierigen Notsituationen gegenseitig unterstützen kann.

Nutzen Sie alle Hilfsangebote, so haben Sie die Chance, die für Ihre Situation passende Beratung zu finden.

Eine wichtige Regel: Etwas für sich tun!

Bei aller Sorge um Ihr abhängiges Kind dürfen Sie Ihr eigenes Wohl nicht aus den Augen verlieren, damit Sie genügend Kraft haben, Ihrem Kind zu helfen. Machen Sie sich bewusst, welche Einstellung Sie zur Abhängigkeit Ihres Kindes haben, überprüfen Sie Ihr Verhalten und beziehen Sie dann eine feste Position mit konsequentem Verhalten. Für Schuldgefühle ist kein Platz! Eltern machen, wie alle anderen Menschen, auch mal Fehler. Sie haben keine «Schuld», dass Ihr Kind abhängig ist, aber Sie können durch Ihr Verhalten dazu beitragen, dass es von dem Stoff loskommt.

So unterstützen Sie Ihr Kind dabei, aus der Abhängigkeit herauszukommen

Es dauert oft lange, bis ein Jugendlicher innerlich wirklich bereit ist, eine Beratungsstelle aufzusuchen oder sogar eine Therapie zu beginnen. Meist geschieht dies, wenn der Leidensdruck so groß ist, dass ein Weiterleben sonst nicht mehr möglich wäre oder die körperlichen Beschwerden einfach zu groß werden. Manchmal gibt es nach kurzer Zeit der Behandlung einen oder mehrere Rückfälle, weil die erwartete Entlastung durch erneuten Drogenkonsum noch sehr positiv eingeschätzt wird. Die Bereitschaft Ihres Kindes zur Behandlung muss sich entwickeln. Sie können diesen Prozess aber unterstützen.

1. Sprechen Sie die Abhängigkeit offen an!

Jeder Abhängige, ob Kind oder Erwachsener, versucht seine Abhängigkeit – vor sich selbst und vor der Umwelt – so lange, wie es nur irgend geht, zu verleugnen. Unter Umständen wird Ihr Kind sehr viel Kraft darauf verwenden, Ihnen vorzumachen, dass die Symptome ganz andere Ursachen haben als eine Abhängigkeit von einem psychoaktiven Stoff. «Spielen» Sie bei diesem Spiel nicht mit. Sagen Sie offen, welchen Eindruck Sie haben oder dass Sie ganz sicher sind, und bleiben Sie fest bei Ihrer Meinung. Ihrem Kind muss klar werden, dass Sie von der Abhängigkeit wissen und sich nicht mehr täuschen lassen. Dieses offene Aussprechen ist die Voraussetzung dafür, dass ein Reflexionsprozess in Gang kommt. Auch wenn das sehr lange dauern kann, so ist es doch die Grundvoraussetzung für die Entwicklung einer Behandlungsbereitschaft.

2. Geben Sie Ihrem Kind kein Geld für Drogen!

Sie werden manchmal in schwierige Situationen geraten. Sie erleben vielleicht, dass Ihr Kind kriminelle Handlungen ausführt, um sich den Stoff zu beschaffen. Apothekeneinbrüche, Diebstahl, Prostitution oder Drogenhandel sind nicht selten Methoden, um sich Drogen zu beschaffen. Jugendliche geraten auf diese Weise sehr schnell mit dem Gesetz in Konflikt. Um das zu verhindern und um ihren Kindern weitere Schwierigkeiten zu ersparen, geben Eltern manchmal Geld oder lassen es sich stillschweigend stehlen. Sie sollten Ihrem Kind kein Geld für Drogen geben, denn damit verlängern Sie nur die Zeit der Abhängigkeit und riskieren größere gesundheitliche Schäden. Die negativen Folgen von illegaler Drogenbeschaffung können den Prozess der Reflexion und die Bereitschaft zur Behandlung oftmals frühzeitiger in Gang setzen.

3. Unterstützen Sie auf keinen Fall das abhängige Verhalten Ihres Kindes!

Wenn Sie Ihrem Kind wirklich helfen wollen, dürfen Sie niemals sein abhängiges Verhalten unterstützen. Abhängige Menschen entwickeln oft unglaublich wirksame Strategien, um andere Menschen «einzuwickeln» und zu Co-Abhängigen zu machen. Abhängiges Verhalten sollte in keiner Form unterstützt werden, auch wenn das Kind jammert und bettelt.

Dazu gehört, dass Sie keine Krankmeldungen und Entschuldigungsschreiben mitgeben, wenn das Kind aufgrund seiner Abhängigkeit in der Schule oder am Ausbildungsplatz gefehlt hat.

Dazu gehört auch, dass Sie keine entlastenden Falschaussagen bei der Polizei machen und keine Kredite für Hightechanlagen oder Ähnliches mit Ihrer Bürgschaft unterstützen, wenn die Gegenstände doch nur in Geld für Drogen umgesetzt werden. Alles, was in Geld umgesetzt werden kann, verlängert die Abhängigkeit Ihres Kindes. Vergessen Sie nie, dass Sie den Beginn einer Behandlung nur beschleunigen können, wenn Sie das abhängige Verhalten in keiner Form unterstützen.

4. Sprechen Sie mit Ihrem Kind über die Gefahren!

Sprechen Sie mit Ihrem Kind über die Gefahren seiner Abhängigkeit. Über die langfristigen Schäden, mögliche Erkrankungen, die Gefahr der Überdosis, HIV-Infektionen, Hepatitis, aber auch über den Verlust sozialer Kontakte, Freundschaften, eines Schulabschlusses oder des Ausbildungsplatzes.

5. Unterstützen Sie jedes Verhalten, das aus der Abhängigkeit herausführt!

Zeigen Sie Ihrem Kind deutlich, dass Sie es mögen, dass Sie von seiner Abhängigkeit betroffen sind und alles tun werden, um ihm zu helfen, aus der Abhängigkeit herauszukommen. Oftmals sind die Eltern noch die einzigen Menschen, die Interesse an der gesamten Persönlichkeit des Kindes haben und es nicht auf Drogenkonsum und -handel reduzieren. Überlegen Sie gemeinsam mit Ihrem Kind kleine Schritte, die nach und nach aus der Abhängigkeit herausführen. Unterstützen Sie Vorhaben, die auch wirklich durchgeführt werden. Lassen Sie sich nicht von Versprechungen täuschen, die dann doch nicht eingelöst werden können.

6. Bleiben Sie ein Vorbild für ein zufriedenes Leben ohne psychoaktive Stoffe!

Auch wenn Sie als Eltern eines abhängigen Kindes viele Sorgen haben, sollten Sie Ihrem Kind als Alternative zur Abhängigkeit ein zufriedenes, erfülltes Leben ohne Drogen vorleben. Zeigen Sie Ihrem Kind, dass das Leben Ihnen Freude macht, dass Sie Befriedigung in Ihrer Arbeit finden, aber auch die Freizeit und Ihre Hobbys genießen können. Auf diese Weise erfährt Ihr Kind, wie stark eingeschränkt seine Lebensmöglichkeiten durch die Abhängigkeit geworden sind.

Auch wenn es Ihnen weismachen will, dass Sie spießig oder langweilig leben. Lassen Sie sich auf eine Rechtfertigung überhaupt nicht ein. Setzen Sie durch Ihr Vorbild-Leben ein Gegenmodell für Ihr Kind. Viele Abhängige tarnen ihre mangelnde Fähigkeit zur Abstinenz oder zum kontrollierten Konsum von Stoffen hinter der Aussage, dass die Erwachsenen Spießer sind und ein langweiliges Leben führen.

So können Sie die Behandlung Ihres Kindes unterstützen

Es ist geschafft. Ihr Kind ist bereit, sich einer ambulanten oder stationären Behandlung zu unterziehen. In dieser Zeit können auch Sie zum Erfolg der Behandlung etwas beisteuern. Sprechen Sie mit dem Kind, aber auch mit den Therapeuten, genau ab, was beide Seiten in dieser Zeit konkret von Ihnen erwarten. Unter Umständen ist Ihr Kind unsicher und ängstlich, weil es nicht genau weiß, was nun auf es zukommt. Sprechen Sie mit ihm darüber.

Schicken Sie dem Kind kein Geld und auch sonst keine Dinge in die Klinik. Damit mischen Sie sich auf negative Weise in die Behandlung ein und unterstützen nur einen Rückfall. Bleiben Sie konsequent, auch wenn Ihr Kind jammert und bettelt. Erklären Sie Ihr Verhalten. Wenn Ihr Kind wirklich etwas braucht, halten Sie Rücksprache mit der Einrichtungsleitung.

Bei fast allen Behandlungen werden die Außenkontakte des Abhängigen zunächst untersagt. Er soll sich erst einmal auf sich selbst besinnen. Akzeptieren Sie das, erklären Sie Ihrem Kind, dass es diese Regel gibt und dass Sie sich daran halten wollen. In einer Notsituation kann das Kind mit dem Therapeuten über einen vorgezogenen ersten Kontakt mit Ihnen sprechen.

Schreiben Sie lieber Briefe, statt zu telefonieren. Das zwingt Sie und Ihr Kind, sich in Ruhe mit der Lage auseinander zu setzen. Verzichten Sie auf Vorwürfe oder die Beschreibung vergangener Geschehnisse. Bleiben Sie in der Gegenwart oder blicken Sie auch in die Zukunft. Berichten Sie darüber, was Sie machen und erleben, damit dem Kind immer wieder klar wird, dass man auch ohne Drogen ein zufrieden stellendes Leben führen kann. Klären Sie gleich zu Anfang der Therapie, dass Sie einen Abbruch missbilligen. Geht Ihr Kind ambulant in die Therapie, lassen Sie es selbständig darauf achten, dass es die Termine einhält. Ansonsten würden Sie nur die Unselbständigkeit und die Unfähigkeit, mit dem eigenen Leben zurechtzukommen, fördern.

fünftes Kapitel | Wo können Eltern weitere Hilfe finden?

Die heutigen Einrichtungen in der Suchtkrankenhilfe lassen sich wie folgt gliedern:

1. Stationäre Angebote

- Fachkrankenhäuser für Suchtkranke
- Psychiatrische Krankenhäuser
- Drogentherapieeinrichtungen
- Nachsorgeeinrichtungen

2. Teilstationäre Angebote

- Tageskliniken
- Nachsorgeeinrichtungen
- Betreute Wohngruppen

3. Ambulante Angebote

- Beratungs- und Behandlungsstellen
- Selbsthilfe- und Abstinenzgruppen
- Elternkreise von drogengefährdeten und drogenabhängigen Jugendlichen

Junkies allein im Wald

In Niedersachsen startete kürzlich ein bundesweit einmaliges Pilotprojekt, mit dem Junkies aus ihrer Abhängigkeit geholfen werden soll. Ein Überlebenstraining wird als Therapie eingesetzt. Das Konzept wurde im Laufe von zwei Jahren von der Göttinger Umweltberatungsfirma Arillus in Zusammenarbeit mit der Fachklinik für Drogenabhängige «Waldhaus Södderich» entwickelt. Die Patientinnen und Patienten sollen wieder Selbstbewusstsein und Vertrauen gewinnen. Sie sollen lernen, für sich selbst und für die Gruppe Verantwortung zu übernehmen. Diese Wald-Therapie wird von privaten Sponsoren unterstützt. Voraussetzung für die Teilnahme ist ein körperlicher Entzug. Vier harte Tage verbringen circa 10 drogenabhängige Jugendliche im Wald – auch im eiskalten Winter. Für viele ist es seit langem das erste Mal, dass sie wieder lernen durchzuhalten. Sie müssen Holz suchen und hacken, sonst gibt es kein Feuer, keine Wärme und kein Essen. Andere übernehmen das Kochen. Das Zelt muss mit Tannenzweigen isoliert werden, und wenn die Jugendlichen vom Förster ein Wildschwein spendiert bekommen, so müssen sie es selbst ausnehmen und zerlegen. Bei der harten Arbeit und bei Temperaturen um minus zehn Grad denkt niemand an Drogen.

Die Jugendlichen lernen, sich mit Kompass und Karte im Wald zurechtzufinden und durchzuschlagen. Gewaschen wird sich morgens mit eiskaltem Quellwasser. So mancher jugendliche Abhängige erfährt zum ersten Mal, wie schön es ist, im mondhellen Wald über dicke weiche Schneeflocken zu gehen und die glitzernden Tannenzapfen zu bewundern.

Die Welt wird wieder real, und die Sinneserfahrungen helfen den Jugendlichen zu verstehen, wie schön das Leben ist, wenn man nicht zugedröhnt ist. Sie lernen wieder, Vertrauen zu fassen, erleben die Stärke des Zusammengehörigkeitsgefühls, erfahren erstmals wieder ihren Körper und stärken ihr Selbstbewusstsein. Die Jugendlichen sind dabei nicht allein auf sich gestellt. Ein Projektleiter und ein Sozialpädagoge betreuen sie während dieser vier Tage. Es werden Spiele durchgeführt, die Vertrauen und Körperkontakt üben und fördern.

Die Teilnahme an diesem Überlebenstraining ist freiwillig und Bestandteil der insgesamt zehn Monate dauernden Therapie der Klinik. Mehrere Teilnehmerinnen und Teilnehmer berichteten, dass sie erstmals wirklich das Gefühl hatten, von dem «Teufelszeug» (Heroin) loszukommen, und sie wünschten sich ein ganz normales Leben, mit Job, eigener Wohnung und Freunden.

Selbsthilfegruppen

Die Idee, sich gegenseitig zu helfen und zu unterstützen – mit gemeinsamer Problematik und Zielsetzung –, ist keine Entwicklung unseres Jahrhunderts. Schon im Mittelalter entstanden Handwerksgilden; im 17. Jahrhundert entstanden die Freimaurerlogen, die Elemente aus ritterlichen Bruderschaften und alten Religionen übernahmen. 1852 wurden in Nordamerika Guttemplerorden gegründet, eine inzwischen internationale Abstinenzorganisation, die sich eine alkoholfreie Lebensführung zum Ziel gesetzt hat.

1935 entstanden in den USA die Gruppen der Anonymen Alkoholiker. Vor mehr als 20 Jahren bildeten sich in der Bundesrepublik Deutschland die ersten Elterngruppen von drogengefährdeten und drogenabhängigen Jugendlichen. In den letzten Jahren sind außerdem in vielen verschiedenen Bereichen enorm viele Selbsthilfegruppen entstanden.

Selbsthilfegruppen sind eine Form bürgerlichen Engagements. Sie zeigen, dass nicht ausreichend Stützsysteme existieren, die soziale Orientierung und Sinngebung vermitteln sollten. Aus diesem Grunde suchen Menschen neue Wege im Umgang mit Lebensproblemen und individueller Not. Es werden Gleichbetroffene gesucht, um Gesprächsgemeinschaften zu bilden, die gemeinsam nach Lösungen suchen. Der Gruppeneffekt ist auch bei den Selbsthilfegruppen eine außerordentlich starke Kraft. Die potenzierten Kräfte aller Teilnehmerinnen und Teilnehmer stehen dabei den relativ schwachen Kräften des Einzelnen gegenüber. Das spielt in der heutigen Zeit der sozialen Isolation eine wesentliche Rolle. Entscheidende Faktoren des Gruppeneffektes sind:

- Verständnis der anderen
- Vorbild der anderen
- Möglichkeiten, über Krisen und Probleme zu sprechen
- Möglichkeiten, gemeinsam nach Lösungen zu suchen
- das Wir-Gefühl

Gerade bei Suchtgefährdeten und Suchtabhängigen besteht häufig ein starkes Misstrauen gegenüber Nichtabhängigen; dadurch werden die Möglichkeiten eingeschränkt, sich Hilfe zu holen.

Selbsthilfegruppen sind eine Alternative zu eingeschränkten sozialen Beziehungen, zu Ausgrenzung und Vereinsamung. Ihre Wirkungsmöglichkeiten und ihre gesellschaftliche Bedeutung haben in den letzten Jahren zugenommen und werden auch noch größer werden.

Definition Selbsthilfegruppen

Selbsthilfegruppen sind freiwillige, lockere Zusammenschlüsse von Menschen, die sich als gemeinsames Ziel die Bewältigung von Krankheiten, psychischen oder sozialen Problemen gesetzt haben. Entweder weil sie selbst davon betroffen sind oder als Angehörige. Sie wollen mit ihrer Arbeit keinen Gewinn erwirtschaften. Ihr Ziel ist die Veränderung und Verbesserung ihrer individuellen Lebenssituation und Hilfestellung für die anderen. Das Engagement reicht oft bis in das politische Umfeld hinein. Die Teilnehmerinnen und Teilnehmer treffen sich regelmäßig, meist wöchentlich, und versuchen sich im gemeinsamen gleichberechtigten Gespräch gegenseitig zu helfen. Die Gruppe dient dabei auch als Mittel, die äußere gesellschaftliche und die innere seelische Isolation aufzuheben. Die Gruppen werden von Laien und nicht von professionellen Helfern geleitet, auch wenn das eine oder andere Mal ein Experte oder eine Expertin zu bestimmten Fragen eingeladen wird.

Selbsthilfegruppen entstehen dort, wo professionelle Helfer und Institutionen Lücken lassen oder wo es zu neuen Entwicklungen und Problemen noch keine entsprechende wissenschaftliche, fachliche Hilfe gibt.

Bevor Betroffene, Eltern oder Angehörige sich entschließen, Kontakt zu einer Selbsthilfegruppe aufzunehmen, vergeht oft eine lange Zeit der Angst, der Qual, der Passivität und des Wartens auf eine Besserung. Die Entscheidung für Eltern drogengefährdeter oder drogenabhängiger Kinder und Jugendlicher, sich einer Selbsthilfegruppe anzuschließen und mitzuarbeiten, sind im Wesentlichen auf folgende vier Motive gegründet:

1. **Die Sorgen um ihr abhängiges Kind**
   Mit der Teilnahme an der Gruppe ist die Hoffnung verbunden, ihrem Kind helfen zu können.

2. **Sie wollen helfen**
   Eltern wollen tun, was in ihrer Macht steht, und anderen Angehörigen weitere aufopfernde Hilfe ersparen.

3. **Sie wollen die eigenen Fähigkeiten sinnvoll einsetzen**
   Jeder trägt mit seinen besonderen Fähigkeiten dazu bei, die problematischen Aufgaben zu bewältigen. Dadurch fühlen sich die Eltern akzeptiert, zur Mitarbeit weiter motiviert und gewinnen an Selbstbewusstsein und Stärke.

4. **Selbsthilfe**
   Die Teilnahme an der Gruppe ermöglicht, persönliche Probleme anzusprechen und besser bewältigen zu lernen. Gefühle und Erfahrungen können ausgetauscht, Belastungen und Ängste «von der Seele» gesprochen werden. Viele Teilnehmerinnen und Teilnehmer berichten, dass sie vor Eintritt in die Gruppe passiv waren, voller Angst, wie gelähmt und unfähig, überhaupt zu handeln. Sie gewinnen neue Erkenntnisse über Drogen und deren Folgen. Zugleich können sie sich in neuem, selbst gewähltem Verhalten üben. Anzufangen, an sich zu arbeiten, ist der Beginn, eine Lösung für das Suchtproblem zu finden, auch wenn sich zunächst noch nichts sichtbar ändert.

Selbsthilfegruppen sind heute nicht mehr aus der Suchtkrankenhilfe wegzudenken. Sie werden inzwischen längst von Institutionen und Öffentlichkeit anerkannt.

Kontaktadressen

Verbände der Suchtkrankenhilfe

Deutsche Hauptstelle gegen die
Suchtgefahren e.V. (DHS)
Westring 2,
59065 Hamm
Postfach 1369
59003 Hamm
Tel.: (0 23 81) 90 15–0
Fax: (0 23 81) 90 15–30
E-Mail: Info@dhs.de
Geschäftsführer: Rolf Hüllinghorst

Akzept e.V.
Bundesverband für akzeptierende
Drogenarbeit und humane
Drogenpolitik
Am Roggenkamp 48
48165 Münster
Tel.: (02 51) 2 75 72
Fax: (02 51) 8 11 79

Arbeitsgemeinschaft Katholischer
Fachkrankenhäuser für
Suchtkranke e.V.
Karlstr. 40
79104 Freiburg
Tel.: (07 61) 20 03 69
Fax: (07 61) 20 03 50

Bundesverband für stationäre
Suchtkrankenhilfe e.V. «buss»
Kurt-Schumacher-Str. 2
34117 Kassel
Tel.: (05 61) 77 93 51
Fax: (05 61) 10 28 83

Deutscher Caritasverband e.V.
Referat: Besondere Lebenslagen
Karlstr. 40
79104 Freiburg
Tel.: (07 61) 2 00–3 69
Fax: (07 61) 2 00–3 50

Fachverband Drogen und
Rauschmittel e.V. (FDR)
Odeonstr. 14
30159 Hannover
Tel.: (05 11) 1 83 33
Fax: (05 11) 1 83 26

Fachverband Glücksspielsucht e.V.
Auf der Freiheit 25
32052 Herford
Tel.: (0 52 21) 59 98 50
Fax: (0 52 21) 59 98 75

Fachverband Sucht e.V.
Walramstr. 3
53175 Bonn
Tel.: (02 28) 26 15 55

Fax: (02 28) 21 58 85
oder 2 42 09 99

Förderverein zur Aufklärung und Beratung von Alkoholkranken und Mitbetroffenen FABA e.V. nach den Grundsätzen des «Betty Ford Center at Eisenhower»
Loisachufer 30
82515 Wolfratshausen
Tel.: (0 8171) 2 80 01
Fax: (0 8171) 2 80 02

Gesamtverband für Suchtkrankenhilfe im Diakonischen Werk der Evangelischen Kirche in Deutschland e.V. (GVS)
Kurt-Schumacher-Str. 2
34117 Kassel
Tel.: (05 61) 10 95 70
Fax: (05 61) 77 83 51

Gesellschaft gegen Alkohol- und Drogengefahren (GAD) e.V.
Bundesgeschäftsstelle
Planckstr. 4–5
39104 Magdeburg
Tel.: (03 91) 5 65 66–0
Fax: (03 91) 5 65 66–20

Internationale Vereinigung anthroposophischer Einrichtungen für Suchttherapie e.V.
Junker-Hooß-Str. 4
34628 Willingshausen
Tel.: (0 66 91) 53 12 oder
(0173) 5 16 49 10
Fax: (0 66 91) 6126

Verband ambulanter Behandlungsstellen für Suchtkranke/Drogenabhängige e.V. (VABS)
Karlstr. 40
79104 Freiburg
Tel.: (07 61) 20 03 63
Fax: (07 61) 20 03 50

Selbsthilfe- und Abstinenzorganisationen

Al-Anon Familiengruppen
Selbsthilfegruppen für Angehörige und Freunde von Alkoholikern
Alateen
Selbsthilfegruppen für jugendliche Angehörige von Alkoholikern
Emilienstr. 4
45128 Essen
Tel.: (02 01) 77 30 07
Fax: (02 01) 77 30 08

Anonyme Alkoholiker (AA)
Interessengemeinschaft e.V.
Lotte-Branz-Str. 14
80939 München
Tel.: (0 89) 3 16 43 43 und 3 16 95 00
Fax: (0 89) 3 16 51 00

Anonyme Raucher
Lenzenhubweg 28
76227 Karlsruhe
Tel.: (07 21) 40 82 21

Arbeitsgemeinschaft der deutschen Abstinenzverbände (AGAV)
Nelkenstr. 20
66386 St. Ingbert
Tel.: (0 68 94) 75 92
Fax: (0 68 94) 87 03 31

Blaues Kreuz in Deutschland e.V.
Freiligrathstr. 27
42289 Wuppertal
Tel.: (02 02) 6 20 03–0
Fax: (02 02) 6 20 03–81

Bundesverband der Elternkreise drogengefährdeter und drogenabhängiger Jugendlicher e.V. (BVEK)
Köthener Str. 38
10963 Berlin
Tel.: (0 30) 55 67 02–0
Fax: (0 30) 55 67 02–1

Freundeskreise für Suchtkrankenhilfe Bundesverband e.V.
Kurt-Schumacher-Str. 2
34117 Kassel
Tel.: (05 61) 78 04 13
Fax: (05 61) 7112 82

Hilfe zur Selbsthilfe Suchtkranker und Suchtgefährdeter
Gemeinnützige Stiftung dbR
Schubertstr. 17
69214 Eppelheim
Tel.: (0 62 21) 76 76 55

Juvente
Jugendorganisation der Guttempler in Deutschland
Adenauerallee 45
20097 Hamburg
Tel.: (0 40) 24 58 80
Fax: (0 40) 24 14 30

Kreuzbund e.V.
Selbsthilfe- und Helfergemeinschaft für Suchtkranke und deren Angehörige
Münsterstr. 25
59065 Hamm
Tel.: (0 23 81) 6 72 72–0
Fax: (0 23 81) 6 72 72 33

Selbsthilfe junger Suchtkranker
Bundesweite Koordinationsstelle der Caritas
Große Hamburger Str. 18
10115 Berlin
Tel.: (0 30) 2 80 51 12
Fax: (0 30) 2 82 65 74

Behörden und Kammern

Bundesärztekammer Arbeitsgemeinschaft der Deutschen Ärztekammern
Herbert-Lewin-Str. 1
50931 Köln
Tel.: (02 21) 4 00 40
Fax: (02 21) 4 00 43 88

Bundeszentrale für gesundheitliche Aufklärung (BZgA)
Ostmerheimer Str. 220
51109 Köln
Tel.: (02 21) 89 92–0
Fax: (02 21) 8 99 23 00

Sonstige Organisationen

Ärztlicher Arbeitskreis Rauchen und Gesundheit e.V.
Postfach 12 44
85379 Eching
Tel. und Fax: (0 89) 3 16 25 25

Bund für drogenfreie Erziehung e.V. (BdE)
Postfach 1422
21496 Geesthacht
Tel.: (0 41 51) 89 18 10
Fax: (0 4151) 89 18 11

Bundesarbeitsgemeinschaft Kinder- und Jugendschutz e.V.
Haager Weg 44
53127 Bonn
Tel.: (02 28) 29 94 21 und 29 93 59
Fax: (02 28) 28 27 73

Deutsche AIDS-Hilfe e.V. (DAH)
Dieffenbachstr. 33
10967 Berlin
Tel.: (0 30) 69 00 87–0
Fax: (0 30) 69 00 87–42

freshFantasy e.V.
Deutschlands erste Kinder-Aktionshalle
Wilhelmstr. 22
59439 Holzwickede
Tel.: (0 23 01) 91 20 80
Fax: (0 23 01) 91 20 82

Informationskreis Drogenprobleme e.V.
Händelallee 7
10557 Berlin
Tel.: (0 30) 3 91 22 88

Nichtraucher-Initiative Deutschland e.V. (NID)
Carl-von-Linde-Str. 11
85716 Unterschleißheim
Tel.: (0 89) 3 17 12 12
Fax: (0 89) 3 17 40 47

Stiftung Integrationshilfe für
ehemals Drogenabhängige e.V.
Marianne von Weizäcker Fonds
Grünstr. 99
59063 Hamm
Tel.: (0 23 81) 2 10 06
Fax: (0 23 81) 2 10 08

Arbeitsgemeinschaft der Selbsthilfegruppen für Suchtkranke
Region Franken e.V.
Hagenbacher Ring 244
74523 Schwäbisch Hall
Tel.: (07 91) 5 48 68

Anschriften in den einzelnen Bundesländern

Baden-Württemberg

Landesstelle gegen die
Suchtgefahren
Augustenstr. 63
70178 Stuttgart
Tel.: (07 11) 6 19 67–31 / 32
Fax: (07 11) 6 19 67–68

Badischer Landesverband gegen
die Suchtgefahren e.V.
Renchtalstr. 14
77871 Renchen
Tel.: (0 78 43) 9 49–1 41
Fax: (0 78 43) 9 49–1 68

Aktion Jugendschutz (ajs)
Landesarbeitsstelle Baden-Württemberg
Stafflenbergerstr. 44
70184 Stuttgart
Tel.: (07 11) 2 37 37–0
Fax: (07 11) 2 37 37–30

Bayern

Koordinierungsstelle der
bayerischen Suchthilfe
Lessingstr. 3
80336 München
Tel.: (0 89) 53 65 15
Fax: (0 89) 5 43 92 03

Aktion Jugendschutz
Landesarbeitsstelle Bayern e.V.
Fasaneriestr. 17
80636 München
Tel.: (0 89) 12 15 73–0
Fax: (0 89) 12 15 73–99

Freundeskreise für
Suchtkrankenhilfe
Landesarbeitsgemeinschaft
Bayern e.V.
Dorfplatz 9
90562 Kalchreut
Tel. und Fax: (09 11) 5 18 35 51

Berlin

Landesstelle Berlin gegen die Suchtgefahren e.V.
Gierkezeile 39
10585 Berlin
Tel.: (0 30) 34 80 09–0
Fax: (0 30) 34 80 09 66

Arbeitsgemeinschaft Drogenprobleme (AGD) e.V.
Elternselbsthilfe
Warthestr. 4–5
12051 Berlin
Tel.: (0 30) 6 25 90 15 / 16
und 6 03 42 23
Fax: (0 30) 6 26 96 48

Landesarbeitsgemeinschaft Kinder- und Jugendschutz e.V. Berlin
Glambecker Ring 80–82
12679 Berlin
Tel.: (0 30) 9 32 81 52

Brandenburg

Brandenburgische Landesstelle gegen die Suchtgefahren e.V.
Carl-von Ossietzky-Str. 29
14471 Potsdam
Tel. und Fax: (03 31) 96 37 50

Aktion Kinder- und Jugendschutz Landesarbeitsstelle Brandenburg e.V.
Schlossplatz 2
16515 Oranienburg
Tel. und Fax: (0 33 01) 59 83–43

Gesellschaft gegen Alkohol- und Drogengefahren (GAD) e.V.
Landesstelle Berlin-Brandenburg
Franz-Ziegler-Str. 28
14776 Brandenburg
Tel.: (0 33 81) 66 38 15

Bremen

Bremische Landesstelle gegen die Suchtgefahren e.V.
c/o Caritasverband Bremen e.V.
Kolpingstr. 3
28195 Bremen
Tel.: (04 21) 3 35 73–0
Fax: (04 21) 3 37 94 44

Senator für Arbeit, Frauen, Gesundheit, Jugend und Soziales
Bereich Gesundheit / Referat für Suchtkrankenhilfe
Birkenstr. 34
28195 Bremen
Tel.: (04 21) 3 61–1 07 75 oder – 23 78 oder – 21 53
Fax: (04 21) 3 61–93 21

Freundeskreis für
Suchtkrankenhilfe
Landesarbeitsgemeinschaft
Bremen e.V.
Kirchbachstr. 200
28211 Bremen
Tel. und Fax: (04 21) 2 23 99 38

Hamburg

Hamburgische Landesstelle gegen
die Suchtgefahren e.V.
Brennerstr. 90
20099 Hamburg
Tel.: (0 40) 2 80 38 11
Fax: (0 40) 2 80 10 06

Arbeitsgemeinschaft Kinder- und
Jugendschutz Hamburg e.V.
Hellkamp 68 / Clasingstr.
20255 Hamburg
Tel.: (0 40) 4 32 25 28
Fax: (0 40) 4 30 53 48

Landesarbeitsgemeinschaft der
Freundeskreise für Suchtkranken-
hilfe in Hamburg e.V.
Weißenseestr. 2 d
22149 Hamburg
Tel. und Fax: (0 40) 67 37 99 55

Hessen

Hessische Landesstelle gegen
die Suchtgefahren e.V.
Auf der Körnerwiese 5
60322 Frankfurt
Tel.: (0 69) 5 96 96 21
Fax: (0 69) 5 96 97 24

Jugendberatung und
Jugendhilfe e.V.
Corneliusstr. 15
60325 Frankfurt
Tel.: (0 69) 74 34 80 – 0
Fax: (0 69) 74 34 80 – 61

Landesverband der Freundeskreise
in Hessen e.V.
Suchtkrankenhilfe
Frankfurter Str. 314
34134 Kassel
Tel.: (05 61) 4 57 69

Mecklenburg-Vorpommern

Landesstelle gegen die
Suchtgefahren Mecklenburg-
Vorpommern e.V.
Voßstr. 15 a
19053 Schwerin
Tel.: (03 85) 71 29 53 und 7 58 91 96
Fax: (03 85) 7 58 91 95

Gesellschaft gegen Alkohol- und Drogengefahren (GAD) e.V.
Landesstelle Mecklenburg-Vorpommern
Falladastr. 7
17489 Greifswald
Tel.: (0 38 34) 89 92 35
Fax: (0 38 34) 50 22 98

Landesarbeitsgemeinschaft der Freundeskreise für Suchtkrankenhilfe in Mecklenburg-Vorpommern e.V.
Kanalstr. 20
19288 Ludwigslust
Tel.: (0 38 74) 2 90 37

Niedersachsen

Niedersächsische Landesstelle gegen die Suchtgefahren e.V.
Podbielskistr. 162
30177 Hannover
Tel.: (05 11) 62 62 66–0
Fax: (05 11) 62 62 66–22

Bund für drogenfreie Erziehung e.V.
Landesverband Niedersachsen
Große Str. 9
49565 Bramsche
Tel.: (0 54 61) 48 32
Fax: (0 54 61) 49 27

Niedersächsischer Landesverband für Elternkreise Drogenabhängiger e.V.
Jakobistr. 43
30163 Hannover
Tel.: (05 11) 39 30 30 oder 78 96 54
Fax: (05 11) 62 97 83

Nordrhein-Westfalen

GINKO – Landeskoordinierungsstelle Suchtvorbeugung Nordrhein-Westfalen
Kaiserstr. 90
45468 Mülheim
Tel.: (02 08) 3 00 69–31
Fax: (02 08) 3 00 69–49

Arbeitsgemeinschaft Kinder- und Jugendschutz (AJS)
Landesstelle Nordrhein-Westfalen e.V.
Poststr. 1523
50676 Köln
Tel.: (02 21) 92 13 92–0
Fax: (02 21) 92 13 92–20

Landesverband der Elternkreise drogenabhängiger und drogengefährdeter Jugendlicher in Nordrhein-Westfalen e.V.
Am Birkenkamp 20
40629 Düsseldorf
Tel. und Fax: (02 11) 28 85 25

Rheinland-Pfalz

Landesstelle Suchtkrankenhilfe
Rheinland-Pfalz
c/o Diözesan-Caritasverband
Trier e.V.
Referat Suchtkrankenhilfe
Sichelstr. 10
54290 Trier
Tel.: (06 51) 94 93–2 44
Fax: (06 51) 94 93–2 94

Landesarbeitsgemeinschaft
der Freundeskreise für
Suchtkrankenhilfe in Rheinland-Pfalz e.V.
Gerichtsstr. 26
57537 Wissen
Tel. und Fax: (0 27 42) 12 28

Landesverband der Elternkreise für
Drogengefährdete und Drogenabhängige in Rheinland-Pfalz
Mittlere Talstr. 17
55130 Mainz
Tel.: (0 61 31) 8 71 25 oder 88 38 48
Fax: (0 6131) 88 38 48

Saarland

Saarländische Landesstelle gegen
die Suchtgefahren
Rembrandtstr. 17–19
66540 Neunkirchen
Tel.: (0 68 21) 9 56–2 04
Fax: (0 68 21) 9 56–2 05

Landesarbeitsgemeinschaft der
Freundeskreise für Suchtkrankenhilfe im Saarland e.V.
Silcherstr. 7
66130 Saarbrücken
Tel. und Fax: (06 81) 87 41 49

Sachsen

Sächsische Landesstelle gegen
die Suchtgefahren e.V.
Schönbrunnstr. 5
01097 Dresden
Tel. und Fax: (03 51) 8 04 55 06

Aktion Jugendschutz Sachsen e.V.
Landesarbeitsstelle
Albert-Köhler-Str. 91
09122 Chemnitz
Tel.: (03 71) 21 16 39
Fax: (03 71) 21 22 32

Landesarbeitsgemeinschaft der
Freundeskreise für Suchtkrankenhilfe im Freistaat Sachsen e.V.
Schandauer Str. 43
01277 Dresden
Tel. und Fax: (03 51) 3 16 17 47

Sachsen-Anhalt

Landesstelle gegen die Suchtgefahren im Land Sachsen-Anhalt
Fachausschuss der LIGA der Freien Wohlfahrtspflege im Land Sachsen-Anhalt e.V.
Walter-Rathenau-Str. 38
39106 Magdeburg
Tel.: (03 91) 5 43 38 18
Fax: (03 91) 5 62 02 56

Landesarbeitsgemeinschaft der Freundeskreise für Suchtkrankenhilfe in Sachsen-Anhalt e.V.
Rennebogen 121
39130 Magdeburg
Tel.: (03 91) 7 23 77 55

Landesstelle Kinder- und Jugendschutz Sachsen-Anhalt e.V.
Leopoldstr. 115
06366 Köthen
Tel. und Fax: (0 34 96) 21 21 32

Schleswig-Holstein

Landesstelle gegen die Suchtgefahren e.V.
Schauenburgerstr. 36
24105 Kiel
Tel.: (04 31) 56 47 70
Fax: (04 31) 56 47 80

Aktion Kinder- und Jugendschutz Landesarbeitsstelle Schleswig-Holstein e.V.
Feldstr. 120
24105 Kiel
Tel.: (04 31) 8 90 77
Fax: (04 31) 8 90 79

Bund für drogenfreie Erziehung e.V. Landesverband Schleswig-Holstein
Postfach 1422
21496 Geesthacht
Tel.: (0 41 51) 89 18 10
Fax: (0 41 51) 89 18 11

Landesarbeitsgemeinschaft der Freundeskreise für Suchtkrankenhilfe in Schleswig-Holstein e.V.
An der Marienkirche 19
24768 Rendsburg
Tel.: (0 43 31) 5 54 01
Fax: (0 43 31) 2 63 40

Thüringen

Thüringer Landesstelle gegen die Suchtgefahren e.V.
Dubliner Str. 12
99091 Erfurt
Tel.: (03 61) 7 46 45 85
Fax: (03 61) 7 92 06 77

Gesellschaft gegen Alkohol- und Drogengefahren (GAD) e.V.
Landesstelle Thüringen
Eisfelder Str. 41
98646 Hildburghausen
Tel.: (0 36 85) 77 60
Fax: (0 36 85) 77 69 40

Landesarbeitsgemeinschaft Kinder- und Jugendschutz Thüringen e.V.
Johannesstr. 19
99084 Erfurt
Tel.: (03 61) 6 44 22 64
Fax: (03 61) 6 44 22 65

Schweiz

Bundesamt für Gesundheitsfragen
Koordinationsstelle für Drogenfragen
Bollwerkstr. 27
3001 Bern
Tel.: (0 31) 61 95 43

Drop-In
Asylstr. 23
8032 Zürich
Tel.: (01) 2 52 54 55

Jugendberatungsstelle der Stadt Zürich
Röntgenstr. 44
8005 Zürich
Tel.: (01) 2 51 64 04

Österreich

Sozial-Telefon
Tel.: (06 60) 67 85
Alkohol-Nummer
Tel.: (02 22) 3 32 32 31

Dialog
Hilfs- und Beratungsstelle für Suchtgefährdete und ihre Angehörigen
Hegelgasse 8 / 3 / 11
1010 Wien
Tel.: (02 22) 51 20 18 10

Point
Jugendberatungsstelle
Starhembergerstr. 11
4020 Linz
Tel.: (07 32) 77 08 95

EGO – Beratungsstelle für Jugend-, Alkohol- und Drogenprobleme
Ringstr. 45
5280 Braunau
Tel.: (0 77 22) 46 78

Circle – Jugend- und
Drogenberatungsstelle
Richard-Wagner-Str. 3
4600 Wels
Tel.: (0 72 42) 4 52 74

Jugendhilfsdienst
Sucht- und Drogenberatungsstelle
St.-Julien-Str. 9
5020 Salzburg
Tel.: (06 62) 87 96 82

INFO – Jugend- und
Familienberatungsstelle
Orpheumgasse 8
8020 Graz
Tel.: (03 16) 91 58 02

Schwindelfrei
Drogenberatungsstelle des
Jugendzentrums Z6
Dreiheiligenstr. 9
6020 Innsbruck
Tel.: (05 12) 58 08 08

Clean Bregenz
Römerstr. 16/3
6900 Bregenz
Tel.: (0 55 74) 4 54 00

Schülernotruf
Viehmarktstr. 3
6850 Dornbirn
Tel.: (0 55 72) 3 34 54

Literaturverzeichnis

Andreas-Siller, Petra: *Kinder und Alltagsdrogen Suchtprävention in Kindergarten und Schule.* Peter Hammer Verlag, Wuppertal 1991

Barth, Jürgen: *Tabakprävention durch Angst – Die Wirkung furchtinduzierender Medien bei Jugendlichen.* Waxmann 2000

Bühringer, Gerhard: *Drogenabhängig – Wie wir Mißbrauch verhindern und Abhängigen helfen können.* Verlag Herder, Freiburg 1992

Franzkowiak, Peter: *Risikoverhalten und Gesundheitsbewußtsein bei Jugendlichen – Der Stellenwert von Rauchen und Alkoholkonsum im Alltag von 15- bis 20jährigen.* Springer-Verlag, Berlin 1986

Grötzinger, Gerd (Hg.): *Recht auf Sucht?* Rotbuchverlag, Hamburg 1991

Haar, Jaap van der: *Sucht im Jugendalter – Entstehung und Umgang.* Beiträge zur Sozialarbeit 3 im Verlag am Goetheanum 1999, Dornach (CH)

Hartmannbund Symposium in Viersen-Süchteln 1996: Wehret den Anfängen – Suchtprävention im Kindes- und Jugendalter

Hüllinghorst, Rolf / Merfert-Diete, Christa / Lindemann Frank: *DHS – Deutsche Hauptstelle gegen die Suchtgefahren e. V.*: Jahrbuch Sucht 2000. Neuland-Verlagsgesellschaft mbH, Geesthacht 1999

Janzing, Gereon: *Psychoaktive Drogen weltweit – Zu Ethnologie und Kulturgeschichte, Schamanismus und Hexerei.* Edition RauschKunde, Löhrbach 2000

Kollehn, Karlheinz / Noak Karl-Adolf (Hg.): *Rauchen und Erziehung – Suchtprävention in Erziehung und Unterricht.* Centaurus-Verlagsgesellschaft, Pfaffenweiler 1992

Kuntz, Helmut: *Der rote Faden in der Sucht – Neue Ansätze in Theorie und Praxis.* Beltz Verlag, Weinheim 2000

Langsdorff, Marja: *Die heimliche Sucht, unheimlich zu essen.* Fischer Taschenbuch Verlag, Frankfurt 1995

Mischke, Helmut: *Elternkreise drogengefährdeter und drogenabhängiger Jugendlicher als Selbsthilfegruppen.* Shaker Verlag, Aachen 1997

Moeckl, Gottfried: *Flucht nach irgendwo.* Spectrum Verlag 1991

Sahihi, Arman: *«Designer-Drogen – Die neue Gefahr: Crack, Speed,*

Glass, PCP, XTC, MPTP, Fentanyl». Psychologie Heute. Beltz Verlag, Weinheim 1989
Schmid / Schuler / Rieger: *Drogen – Harte Drogen, Ecstasy, Alkohol, Nikotin, Medikamente.* Ravensburger Buchverlag 1999
Strätlind, Barthold: *Sucht beginnt im Kindesalter – Seelisch gesund, froh und lebenstüchtig aufwachsen.* Südwest Verlag, München 1996

Glossar

Abhängigkeit

Die Weltgesundheitsorganisation (WHO) definierte den Begriff «Abhängigkeit» als Zustand, der sich aus dem wiederholten Konsum einer Droge ergibt. Dabei wird zwischen psychischen und körperlichen Gewöhnungsmustern unterschieden.

Abhängigkeit, psychische

Es entsteht ein starkes seelisches Verlangen, einen Stoff wiederholt zu konsumieren, um dessen als positiv erlebte Effekte zu erfahren.

Abhängigkeit, körperliche

Ist in erster Linie mit der notwendigen Dosissteigerung verbunden, damit derselbe Effekt eintreten kann. Nach plötzlichem Absetzen des Stoffes treten körperliche Entzugserscheinungen auf. Es entstehen Wechselbeziehungen zwischen Stoff und Organismus, bzw. der Stoffwechsel gewöhnt sich an den Wirkstoff.

Alltagsdrogen

Leicht zugängliche, legale Drogen, die sich je nach Kulturkreis unterscheiden. In unserer Gesellschaft sind das vorwiegend Nikotin, Alkohol und Medikamente.

Beschaffungskriminalität

Kriminelle Handlungen eines/einer Abhängigen, um sich den Drogenkonsum finanzieren zu können.

Betäubungsmittelgesetz

Das Gesetz regelt in der BRD den Umgang und den Verkehr mit Betäubungsmitteln. Es legt auch das Strafmaß bei Drogendelikten fest und regelt die Alternative «Therapie statt Strafe», das heißt, dass ein Drogenabhängiger anstelle von Strafvollzug die Möglichkeit zu einer Therapie erhält. Im Betäubungsmittelgesetz werden alle illegalen Drogen aufgezählt.

clean sein

Drogenfrei (sauber) sein.

Dealer

Drogenhändler. Rund 80 % der Straßendealer (Kleindealer) sind selbst abhängig und finanzieren durch den Handel mit Drogen ihre Sucht.

Derivate

Chemische Abkömmlinge einer Grundsubstanz. Zusätzliche Molekülgruppen werden einer Molekülkette eingebaut. Dadurch kann die Wirkung verstärkt oder abgemildert werden. Derivate bestimmter Grundstoffe haben sehr häufig ein höheres Suchtpotenzial als die Grundstoffe selbst.

Dosissteigerung

Das Verlangen eines Süchtigen nach einer immer höheren Menge seines Suchtmittels, um den gleichen gefühlsmäßigen Erlebniszustand herzustellen. Die Dosissteigerung hängt von der Gewöhnung des Organismus an den Stoff ab.

Dopamin

Ein Neurotransmitter, der für Euphorie und Lustempfindung wie auch für die Bewegungskoordination zuständig ist.

Endorphin

Ein Neurotransmitter, verantwortlich für Lustempfindung, Stressbewältigung und Alltagskampf.

Entzugserscheinungen

Beim Absetzen eines Stoffes kann es, je nach Ausprägung der Sucht, zu Schlafstörungen, Schweißausbrüchen, Depressionen, Muskel- und Gliederschmerzen sowie zu Durchfall kommen.

fixen

Injizieren von Drogen.

Fixer
Regelmäßiger Konsument einer zu injizierenden Droge.

Frustrationstoleranz
Die Fähigkeit, Unlustgefühle über einen längeren Zeitraum auszuhalten, auch wenn die dafür verantwortlichen Spannungen nicht sofort abgebaut werden können. Eine zu niedrige Frustrationstoleranz wird oft durch Ersatzhandlungen kurzfristig ausgeglichen.

Goldener Schuss
So wird eine tödliche Überdosis Heroin genannt, die von vielen Süchtigen bewusst, als letzter Ausweg aus ihrer Verzweiflung, genommen wird.

Halluzinationen
Durch die Veränderung der Wahrnehmung kommt es zu Sinnestäuschungen. Häufig ist das Erleben von Raumverzerrung oder Verschiebung der Perspektive.

Halluzinogene
Drogen, die Halluzinationen (Sinnestäuschungen) bewirken.

Identitätsverlust
Entsteht überwiegend bei Langzeitbenutzern von Suchtmitteln. Der Realitätsverlust bezieht sich nicht nur auf das Individuum selbst, sondern auf die Umwelt.

Junkie
Regelmäßiger Konsument einer zu injizierenden Droge. Das Wort stammt aus dem Englischen (junk) und bedeutet «Abfall».

Kick
Der Moment, in dem die Wirkung der Droge das Gehirn / Bewusstsein erreicht.

Mehrfachabhängigkeit (Polytoxikomanie)
Süchtiges Verlangen nach mehreren verschiedenen Suchtmitteln, z. B. Alkohol kombiniert mit Medikamenten.

Morphin
Der narkotisierende und suchterzeugende Bestandteil von Opium und Heroin.

Narkotika
Drogen mit narkotisierender, beruhigender bis einschläfernder Wirkung. Sie lähmen das zentrale Nervensystem und schalten das Bewusstsein weitgehend aus.

Neurotransmitter
Signaltragende, Nachrichten übertragende chemische Substanzen, die im Gehirn produziert werden, um Reize und Botschaften durch das Nervensystem zu tragen.

psychoaktiv
Seelische Vorgänge und Verhalten beeinflussend.

Realitätsverlust
Die Realität verliert an Bedeutung und wird durch Illusionen oder Phantasie ersetzt. Bei häufigem Gebrauch von Suchtmitteln können soziale und persönliche Probleme nicht mehr richtig eingeschätzt werden. Lösungen für Konflikte werden nicht mehr gesehen, sodass diese nicht mehr bewältigt werden können.

Stoffwechsel
Das sind alle Vorgänge von chemischen Umsetzungen im Körper. Permanente Einnahme von Suchtmitteln führt zu Stoffwechselerkrankungen. Der Körper kann die Gifte nicht mehr umsetzen oder ausscheiden. Die Organe werden geschädigt.

Synthetische Drogen
Über chemische Verfahren hergestellte Suchtmittel.

toxisch
Giftig.

Verschnitt
Alles, was benutzt wird, um eine Droge zu verlängern / verschneiden.

Kinder haben eine Lobby

die **Deutsche Liga für das Kind**

Partner von *rororo Mit Kindern leben*

Die Deutsche Liga für das Kind ist ein Zusammenschluß der wichtigsten Verbände, die sich für die Belange der Kinder in den ersten Lebensjahren einsetzen.

Die Liga verfaßt Stellungnahmen zu Gesetzentwürfen, organisiert Fachtagungen, initiiert Projekte, ist Herausgeber der Zeitschrift ***frühe Kindheit*** und bietet Eltern und Fachleuten ihre Service-Leistungen an.

Für einen guten Start ins Leben
Die Info-Pakete der Deutschen Liga für das Kind

☐ **Paket 1** (12,- DM incl. Versandkosten)

- Informationen über Mutterschutz und staatliche Leistungen für Eltern
- Entwicklungskalender erstes Lebensjahr
- Faltblatt mit Informationen zum Stillen
- Adressenliste von Einrichtungen „Rund um die Geburt und das 1. Lebensjahr“
- Informationen über die Deutsche Liga für das Kind
- Gesamtverzeichnis der Reihe *Mit Kindern leben*

☐ **Paket 2** (18,- DM incl. Versandkosten)
Inhalt wie Paket 1, zusätzlich:

- 12 Elternbriefe zum 1. Lebensjahr, hrsg. vom Arbeitskreis Neue Erziehung
- Probeexemplar der Zeitschrift *frühe Kindheit*

Sie können Ihre Bestellung telefonisch oder per Fax aufgeben oder diese Seite an folgende Adresse schicken:

DEUTSCHE LIGA FÜR DAS KIND in Familie und Gesellschaft e.V.
Chausseestr. 17, 10115 Berlin
Tel.: 030 - 28 59 99 70 e-mail: Liga-Kind@liga-kind.de
Fax: 030 - 28 59 99 71 Internet: www.liga-kind.de
Commerzbank Berlin, Konto 266 2385, BLZ 100 400 00

Kinder brauchen eine Lobby

In der Deutschen Liga für das Kind arbeiten Fachleute aus den Bereichen Gesundheit, Erziehung, Sozialwissenschaften und Recht zusammen und ermöglichen einen intensiven Kontakt zu Wissenschaft, Praxis und Politik. Dabei stehen folgende Aufgabenbereiche im Mittelpunkt:

Kinder brauchen starke Eltern
Die Elternverantwortung zu stärken, bedeutet nicht nur, öffentlich auf die unverzichtbare Rolle der Eltern hinzuweisen, sondern auch, Eltern selbst Aufklärung und Unterstützung anzubieten.

Kinder brauchen Schutz
Kinder haben ein Recht auf die Förderung ihrer natürlichen Begabungen. Das gilt nicht nur für den rechtlichen Schutz, sondern auch für familienergänzende, wenn nötig familienersetzende Angebote für Kinder.

Kinder brauchen Beteiligung
Schon von Geburt an muß die eigenständige Persönlichkeit des Kindes sowohl im rechtlichen, als auch im psychologischen Sinne Anerkennung finden. Hierzu gehört auch, die Interessen von Kindern und Familien im politischen Raum zu stärken.

Kinder brauchen materielle Gerechtigkeit
Die Entscheidung für ein Kind gehört heute zu den größten Armutsrisiken. Der Beitrag, den die Erziehung von Kindern in der gesellschaftlichen Gesamtrechnung leistet, wird in unserem Steuer- und Rentensystem in einer nicht länger hinzunehmenden Weise unterbewertet. Eine Korrektur dieses Mißstandes ist überfällig.

Kinder brauchen bessere Lebensbedingungen
Beim Wohnungsbau, der Stadt- und Regionalplanung und in allen anderen Feldern, die zur Lebensqualität von Familien beitragen, müsen Bedingungen geschaffen werden, die ein Leben mit Kindern erstrebenswert machen. Dies gilt auch für die Arbeitsplatz- und Arbeitszeitgestaltung der Eltern.

Jan-Uwe Rogge

Jan-Uwe Rogge, geboren 1947, ist verheiratet, hat einen Sohn und lebt in der Nähe von Hamburg. Er arbeitet freiberuflich als Familien- und Kommunikationsberater und zur Medienforschung. Seit Anfang der achtziger Jahre führt er Elternseminare und Fortbildungsveranstaltungen durch, die sich großer Beliebtheit erfreuen.

Ohne Chaos geht es nicht
13 Überlebenstipps für Familien
(mit kindern leben 60975)

Pubertät – Loslassen und Haltgeben
(rororo 60953)

Kinder können fernsehen
Vom Umgang mit der Flimmerkiste
(mit kindern leben 60753)

Kinder haben Ängste *Von starken Gefühlen und schwachen Momenten*
288 Seiten. Gebunden und als rororo sachbuch unter dem Titel
Ängste machen Kinder stark
(mit kindern leben 60640)

Eltern setzen Grenzen
(mit kindern leben 19756)

Jan-Uwe Rogge / Bettina Mähler
Irgendwie anders: Kinder, die den Rahmen sprengen
...und wie man mit ihnen umgeht
(mit kindern leben 60966)

mit Kindern leben

Jan-Uwe Rogge
Kinder brauchen Grenzen
(mit kindern leben 19756)

Jan-Uwe Rogge
Sonst beiß ich dich!
(rororo rotfuchs 20968)

Jan-Uwe Rogge / Moni Port
Ein Wolkenlied für Omama
(rororo rotfuchs 20955)

Weitere Informationen in der **Rowohlt Revue**, kostenlos im Buchhandel, und im **Internet: www.rororo.de**

6036/4